Rational Unified Process kompakt

Werke der „kompakt-Reihe“ zu wichtigen Konzepten und Technologien der IT-Branche:

- ermöglichen einen raschen Einstieg,
- bieten einen fundierten Überblick,
- sind praxisorientiert, aktuell und immer ihren Preis wert.

Bisher erschienen:

- Heide Balzert
  UML kompakt, 2. Auflage
- Andreas Böhm / Elisabeth Felt
  e-commerce kompakt
- Christian Bunse / Antje von Knethen
  Vorgehensmodelle kompakt
- Holger Dörnemann / René Meyer
  Anforderungsmanagement kompakt
- Christof Ebert
  Outsourcing kompakt
- Christof Ebert
  Risikomanagement kompakt
- Karl Eilebrecht / Gernot Starke
  Patterns kompakt, 2. Auflage
- Andreas Essigkrug / Thomas Mey
  Rational Unified Process kompakt, 2. Auflage
- Peter Hruschka / Chris Rupp / Gernot Starke
  Agility kompakt
- Arne Koschel / Stefan Fischer / Gerhard Wagner
  J2EE/Java EE kompakt, 2. Auflage
- Michael Kuschke / Ludger Wölfel
  Web Services kompakt
- Torsten Langner
  C# kompakt
- Pascal Mangold
  IT-Projektmanagement kompakt, 2. Auflage
- Thilo Rottach / Sascha Groß
  XML kompakt: die wichtigsten Standards
- DIE SOPHISTen
  Systemanalyse kompakt
- Ernst Tiemeyer
  IT-Controlling kompakt
- Ernst Tiemeyer
  IT-Servicemanagement kompakt
- Ralf Westphal
  .NET kompakt
- Ralf Westphal / Christian Weyer
  .NET 3.0 kompakt

Andreas Essigkrug / Thomas Mey

Rational Unified Process kompakt

2. Auflage

Autoren
Andreas Essigkrug
Teamleader OOAD RT Services
IBM Software Group, Hollerithstr. 1, 81829 München
E-Mail: Andreas.Essigkrug@de.ibm.com

Thomas Mey
E-Mail: ThomasMey@yahoo.de

Wichtiger Hinweis für den Benutzer
Der Verlag, der Herausgeber und die Autoren haben alle Sorgfalt walten lassen, um vollständige und akkurate Informationen in diesem Buch zu publizieren. Der Verlag übernimmt weder Garantie noch die juristische Verantwortung oder irgendeine Haftung für die Nutzung dieser Informationen, für deren Wirtschaftlichkeit oder fehlerfreie Funktion für einen bestimmten Zweck. Der Verlag übernimmt keine Gewähr dafür, dass die beschriebenen Verfahren, Programme usw. frei von Schutzrechten Dritter sind. Die Wiedergabe von Gebrauchsnamen, Handelsnamen, Warenbezeichnungen usw. in diesem Buch berechtigt auch ohne besondere Kennzeichnung nicht zu der Annahme, dass solche Namen im Sinne der Warenzeichen- und Markenschutz-Gesetzgebung als frei zu betrachten wären und daher von jedermann benutzt werden dürften. Der Verlag hat sich bemüht, sämtliche Rechteinhaber von Abbildungen zu ermitteln. Sollte dem Verlag gegenüber dennoch der Nachweis der Rechtsinhaberschaft geführt werden, wird das branchenübliche Honorar gezahlt.

Bibliografische Information der Deutschen Nationalbibliothek
Die Deutsche Nationalbibliothek verzeichnet diese Publikation in der Deutschen Nationalbibliografie; detaillierte bibliografische Daten sind im Internet über http://dnb.d-nb.de abrufbar.

Springer ist ein Unternehmen von Springer Science+Business Media
springer.de

Nachdruck der 2. Auflage 2007

Spektrum Akademischer Verlag ist ein Imprint von Springer

09 10 11 12 13 5 4 3 2

Planung und Lektorat: Dr. Andreas Rüdinger, Barbara Lühker
Satz: Mitterweger & Partner, Plankstadt
Umschlaggestaltung: SpieszDesign, Neu–Ulm

ISBN 978-3-8274-1836-4

Vorwort

Wenn Sie dieses Buch in der Hand halten, haben Sie wahrscheinlich schon einmal etwas über den Rational Unified Process® gehört, es sei denn, es wurde Ihnen von jemand anderem einfach in die Hand gedrückt.

Der Rational Unified Process hat seit seinem ersten Erscheinen 1999 eine weite Verbreitung gefunden und ist auch als RUP® oder Unified Process, neuerdings auch OpenUP ein Begriff geworden. Dazu haben sowohl viele praktische Erfolge als auch diverse Bücher, Publikationen und Vorträge beigetragen. Dass es neuerdings eine deutsche Übersetzung und ein neues Werkzeug zur einfachen Anpassung gibt, kann dem Erfolg einen weiteren Schub geben.

Die meisten Bücher zum Thema haben allerdings mehrere hundert Seiten. Unter Umständen gehören Sie aber zu denjenigen, die sich mit guten Vorsätzen Bücher kaufen, aber selten Zeit finden, bis zu fünfhundert Seiten zu Ende zu lesen. Möglicherweise kaufen Sie solche Bücher erst gar nicht.

Erstes Ziel dieses Buches ist es also, Sie in kompakter Form über alle wichtigen Aspekte des Rational Unified Process zu informieren, in einem Umfang, der auch vielbeschäftigten Menschen eine Chance gibt. Des Weiteren haben wir es uns zur Aufgabe gemacht, neben der reinen Information über den Prozess auch viele praktische Erfahrungen und Tipps einfließen zu lassen.

Dieses Buch soll Ihnen einen Eindruck, ein Bild über den Rational Unified Process vermitteln und Ihnen bei der Auswahl eines geeigneten Softwareentwicklungsprozesses helfen. Es dient bei einer späteren Anwendung des RUP auch als Überblick und praktische Hilfestellung. Es ist allerdings keineswegs als einziges Nachschlagewerk zum Anwenden des RUP gedacht. Hierfür ist nach wie vor das Produkt Rational Unified Process die wichtigste Informationsquelle. Ebenso ist praktische Erfahrung bei der Einführung des Prozesses kaum durch schriftliche Information zu ersetzen.

Bitte beachten Sie, dass ein wesentlicher Teil des Inhalts dem IBM-Produkt Rational Unified Process – zumindest sinngemäß – entnommen wurde und somit als geistiges Eigentum der Firma IBM anzusehen ist.

Wir hoffen, dass Sie beim Lesen genauso viel Spaß haben, wie wir dies beim Schreiben dieses Buches hatten.

Wir möchten uns bei allen bedanken, die uns geholfen haben, dieses Buch auf den Weg zu bringen. Für die wertvollen Reviews bei Barbara Lühker, Philippe Kruchten und Holger Dörnemann. Für die organisatorische Unterstützung bei Wolfgang Bertol. Nicht zuletzt für die Geduld und Rücksichtnahme bei unseren Familien.

Thomas Mey und Andreas Essigkrug

Inhalt

Warum Rational Unified Process?

Auch wenn der Rational Unified Process® seit seiner Einführung 1999 eine große Verbreitung gefunden hat und zum „De facto“-Standardprozess für moderne objektorientierte Softwareentwicklung wurde, findet man in der heutigen Softwareentwicklung noch häufig keinen Softwareentwicklungsprozess oder nur ansatzweise Methodik.
Wenn dann ein Softwareentwicklungsprozess definiert ist, folgt dieser häufig keinem Standard und wird auch nur bedingt gelebt.

Warum ein Softwareentwicklungsprozess?

Zunächst stellt sich die Frage, warum überhaupt ein definierter **Softwareentwicklungsprozess** empfehlenswert ist, obwohl bis heute oft keiner genutzt wird. Als einfachste Antwort könnte man das Beispiel klassischer Ingenieursdisziplinen nennen, in denen schon im Studium eine exakte Vorgehensweise gelehrt wird. Doch allein dies kann nicht die hinreichende Begründung sein. Ein zweiter Vergleich erklärt die Gründe eigentlich viel besser: der Vergleich mit Kochen nach einem Kochrezept.

Das Kochrezept stellt einen Prozess dar, in dem exakt beschrieben wird, was wann wie mit welchen Werkzeugen bearbeitet wird. Warum werden nun Kochrezepte genutzt? In erster Linie, um das Ergebnis (das Gericht) exakt wiederholbar zu machen. Wenn das Rezept weitergereicht wird, stellt man die eigene Erfahrung anderen zur Verfügung. Natürlich gibt ein Rezept auch mehr Sicherheit bezüglich der Qualität des Ergebnisses und der Dauer der Zubereitung. Sind diese Vorteile nicht auch in der Softwareentwicklung primäre Ziele: wiederholbare Ergebnisse, Wiederverwendung von Erfahrungen, gesicherte Qualität und vorhersagbare Projektdauer?

Ein weiterer wichtiger Aspekt kommt beim Kochen allerdings kaum zum Tragen: die Arbeit im größeren Team bis hin zur Zusammenarbeit mehrerer Teams. Es versteht sich eigentlich von selbst, dass ein Team nur funktionieren kann, wenn alle Beteiligten dasselbe Verständnis davon haben, wer für was verantwortlich ist und wer welche Ergebnisse wann abliefern sollte. Die Wichtigkeit dieser Erkenntnis steigt mit der Größe des Teams und eventueller räumlicher Trennung. Wie ein heute durchaus übliches Softwareprojekt mit Hunderten von Mitarbeitern verteilt über diverse Teams und weltweite Standorte ohne eine genau beschriebene Vorgehensweise funktionieren soll, bleibt das Geheimnis mancher – gescheiterter? – Projekte. Das heißt aber nicht, dass kleine Teams von z. B. fünf Mitarbeitern also gänzlich auf einen Softwareentwicklungsprozess verzichten sollten. Auch beim Kochen ist ja oft nur eine Person beteiligt.

Immer mehr Unternehmen sehen aber auch die Notwendigkeit, ihre Prozess-Reife nachzuweisen, da dies ein wichtiges Qualitätsmerkmal gegenüber dem Kunden darstellt. Ein bekannte formale Methode ist z. B. das Capability Maturity Model Integration® **CMMI®** vom Software Engineering Institute SEI.

Ein Überblick zur Entwicklungsprozesslandschaft

Wenn nun die Entscheidung für einen definierten Softwareentwicklungsprozess gefallen ist, stellt sich die nächste Frage: Welcher? Natürlich gibt es eine Vielzahl von Softwareentwicklungsprozessen zur Auswahl. Im Folgenden seien diese in drei Kategorien unterteilt.

- *Softwareentwicklungsprozesse mit bedeutender Verbreitung in Deutschland*: Neben dem Rational Unified Process, der in kurzer Zeit große Verbreitung erlangt hat, gibt es primär zwei Prozessansätze, auf die man in der Praxis häufiger trifft. Ein relativ neuer Ansatz, der sich wachsender Beliebtheit erfreut, ist das „Agile Software Development" der **Agile Alliance** (www.agilealliance.org), deren wichtigster und erster Vertreter das Extreme Programming oder kurz XP ist. Ein weiterer wichtiger Vertreter ist **Scrum** (www.scrumalliance.org). Das **V-Model** wurde dagegen bereits 1992 vom Bundesministerium des Inneren übernommen, nachdem es von der Industrieanlagen-Betriebsgesellschaft mbH (IABG) in Ottobrunn bei München entwickelt wurde. Dieser Prozess findet seinen Einsatz primär im militärischen und öffentlichen Bereich Deutschlands, wo er z. T. seit 1996 verpflichtend vorgeschrieben ist [Müller-Ettrich, 1999, Seite 67]. Seit 2004 gibt es eine grundlegende Fortentwicklung, das V-Model XT, das im Wesentlichen eine größere Anpassbarkeit und ein erweitertes Prozessspektrum gewährleistet.
- *Wasserfallprozesse*: Fanden primär in den 80er-Jahren zusammen mit strukturierter Analyse und strukturiertem Design ihre Verbreitung. Die ersten Ansätze wurden aber sehr viel früher u. a. durch Winston Royce entwickelt [Royce, 1999, Seite 6 ff.]. Wasserfallpro-

zesse waren die ersten umfassend beschriebenen Entwicklungsprozesse. Da sie zudem wichtige Parallelen zu klassischen Ingenieursdisziplinen (z. B. Haus- und Anlagenbau) aufweisen, haben sie sich zu einer vorherrschenden Methodik in der heutigen Praxis entwickelt. Allerdings gibt es nicht den klar beschriebenen „**Wasserfallprozess**", sondern vielmehr eine Vielzahl verschieden gelebter praktischer Vorgehensweisen. Aus diesem Grund fällt diese Methodik nicht in die erste Kategorie „Prozesse mit bedeutender Verbreitung". Das V-Modell wird allerdings häufig als Wasserfallprozess gelebt, auch wenn es seit 1997 eine Beschreibung zur iterativen Nutzung gibt.

- *Methodiken und Prozesse, die von einzelnen Personen oder Firmen geprägt wurden und sich nicht entscheidend durchsetzen konnten*: Hiervon gibt es eine derartige Vielzahl, dass nur ein paar beispielhaft genannt werden können. U. a. „Catalysis" von Desmond D'Souza, „Feature Driven Development" von Peter Coad (Borland), Iconix Process von Doug Rosenberg (ICONIX) [Rosenberg] und einige Veröffentlichungen von Scott Ambler [Ambler]. Zumeist decken sich die Inhalte von einem oder mehreren der oben genannten Prozesse. Diese Prozesse finden ausschließlich dort Anwendung, wo die Person bzw. Firma, die den Prozess entwickelt hat, entsprechend auch beratend tätig ist.

Eine genauere Abgrenzung und Unterscheidung zum Rational Unified Process folgt im letzten Kapitel „Vergleich mit anderen Prozessen".

Vorteile des Rational Unified Process

Warum konnte sich der Rational Unified Process bei dieser Vielzahl von Alternativen in so kurzer Zeit verbreiten, und warum sollte er bei jeglicher Prozessauswahl zumindest in Betracht gezogen werden? Dazu lohnt sich ein Blick auf die wichtigsten **Vorteile**.

- *Gesammelte Prinzipien*: Der Rational Unified Process orientiert sich primär an Prinzipien – genannt „Wichtige Prinzipien für geschäftsorientierte Entwicklung" –, die sich in einer Vielzahl von Projekten im praktischen Einsatz bewährt haben. Dabei wird auf die Erfahrung unzähliger Profis aus Tausenden von Projekten in mehr als 20 Jahren zurückgegriffen. Es ist also kein Zufall oder gar böswilliges Kopieren, wenn die Inhalte des RUP denen vieler anderer Prozesse ähneln.

- *Neueste Vorgehensweisen*: Der RUP beinhaltet neben Altbewährtem auch immer die neuesten Kenntnisse des Software Engineering. Dies wird durch die fortlaufende Weiterentwicklung bei IBM Rational Software gewährleistet, bei der ein ganzes Team ausschließlich mit der Pflege und Verbesserung des RUP beschäftigt ist. Insbesondere werden auch laufend neue Erweiterungen für spezielle Belange, wie z.B. „Programmmanagement", entwickelt.
- *Große Verbreitung*: Innerhalb der letzten Jahre hat sich der Rational Unified Process rasant verbreitet. So wird er nicht nur durch IBM Rational Software bei ihrer großen Kundenbasis eingesetzt, sondern ist auch bei vielen Consultingunternehmen und Dienstleistern beliebt. Als Beispiele seien hier u.a. IBM GBS, Accenture, NTT Comware (Japan), ein großer Systemintegrator, und die Firma Zühlke (Schweiz) genannt. Diese große Verbreitung macht den RUP zum Quasi-Standard, was natürlich viele Vorteile bei wechselnden Mitarbeitern bringt. Es besteht die große Chance, dass neue oder externe Mitarbeiter mit dem eingesetzten Prozess bereits vertraut sind. Außerdem ist dadurch natürlich viel mehr Information und Unterstützung zu finden, wie dieses Buch beweist.
- *Detaillierte und klare Beschreibung*: Der RUP ist vermutlich der am detailliertesten beschriebene Softwareentwicklungsprozess. Er macht nicht lediglich Andeutungen über Praktiken, er beschreibt vielmehr Schritt für Schritt detailliert, was wann von wem zu tun ist. Zudem gibt es noch technologiespezifische Anleitungen, wie z.B. zur Entwicklung mit J2EE.
- *Inhalt ist in HTML-Seiten festgehalten*: Der RUP ist nicht wie viele andere Wissenswerke in eindimensionaler Papierform hinterlegt, sondern er ist eine Wissensdatenbank in Form von HTML-Seiten. Dies hat den großen Vorteil, dass der Nutzer den Prozess nicht komplett lesen muss, um beginnen zu können, sondern jeweils mit wenigen Mausklicks zur gerade benötigten Information navigieren kann. Letztendlich kann der Nutzer auch eine vereinfachte Sicht auf die Webseiten erhalten, so dass er nur die für ihn nötigen Inhalte bekommt. Da in der Softwareentwicklung üblicherweise primär am Computer gearbeitet wird, ist Information im Internetbrowser auch schneller aufgerufen, als es ein Griff ins Bücherregal erlauben würde. Die Nutzbarkeit des RUP wird durch umfangreiche grafische Darstellungen abgerundet, die z.T. ebenfalls Hyperlinks zu weiteren Seiten enthalten.

- *Anpassbarkeit des Prozesses*: Da die Anforderungen an ein Softwareentwicklungsprojekt und damit an den genutzten Prozess von vielen Faktoren abhängig sind, ist die Anpassbarkeit an diese unterschiedlichen Anforderungen für einen allgemeinen Softwareentwicklungsprozess von entscheidender Bedeutung. So unterscheidet sich z.B. die Entwicklung kundenspezifischer Software für die Geschäftsprozesse einer bestimmten Bank ganz wesentlich von der Entwicklung systemnaher Software für den Massenmarkt, wie dies bei Autoradios der Fall ist. Das Produkt RUP, wie es von IBM Rational ausgeliefert wird, versteht sich daher nicht als unabänderlicher Prozess, sondern vielmehr als ein Prozessframework, das den Rahmen und unzählige Ideen für den konkret genutzten Prozess mitbringt. Daher wurde ein eigenes Werkzeug zur Prozessdefinition und -Veröffentlichung entwickelt, der IBM **Rational Method Composer**.
- *Verfügbarkeit in deutscher Übersetzung*: Seit 2006 gibt es den „RUP für kleine Projekte" in Deutsch übersetzt, und weitere Inhalte werden noch übersetzt werden. Auch wenn man in Deutschland in vielen Bereichen englischsprachige Software gewöhnt ist, so macht es schon einen gewaltigen Unterschied, ob der Prozess in Deutsch oder in Englisch beschrieben ist. Die Hemmschwelle für die Beteiligten, den Prozess zu lesen und zu nutzen, sinkt mit der Übersetzung gewaltig. So haben in der Vergangenheit manche Unternehmen RUP-Inhalte selbst übersetzt.

Der RUP als wohl umfangreichste Sammlung praktischer Erfahrungen und neuester Erkenntnisse in der Softwareentwicklung bietet sich daher für fast jede Art von Softwareprojekt an. Wichtig ist hierbei vor allem die richtige Anpassung und Anwendung im Rahmen der eigenen Organisation. Hierzu ist mehr im Kapitel „RUP-Anpassung" zu finden.

Missverständnisse zum RUP

Wie bei vielen bekannten Begriffen in der Softwareindustrie, gibt es auch bei dem RUP eine Reihe von **Missverständnissen**.

Das wohl häufigste Missverständnis ist die Ansicht, dass der RUP ein sehr *formaler, schwergewichtiger Prozess* ist, der sich nur für sehr große Projekte mit vielen Beteiligten eignet. Diese Ansicht kommt primär vom großen Umfang des Prozessframeworks. Dabei wird leider übersehen, dass dieses Prozessframework auch auf kleine Projekte mit weniger als zehn Mitarbeitern angepasst werden kann und auch dafür vorgesehen ist. Dies wird mittlerweile unter anderem durch vorkonfigurierte Prozessvarianten für beispielsweise „Small Projects" und die Open-Source-Variante „**OpenUP**" unterstützt.

Des Öfteren wird der RUP auch als *Wasserfallprozess* betrachtet. Auch wenn es vollkommen falsch ist, kommt dies wohl von der strengen Zeiteinteilung des RUP in vier Phasen, die gerne mit den Phasen des Wasserfallmodells gleichgesetzt werden. Dabei wurden ganz absichtlich neue Begriffe für die Phasen geprägt, zumal das jeweilige Phasenziel sich auch wesentlich vom Wasserfallmodell unterscheidet, da selten vollständige und abgeschlossene Arbeitsergebnisse verlangt werden.

Hin und wieder erntet der RUP auch den Vorwurf, seine Inhalte dienten primär dem *Verkauf der IBM Rational Entwicklungswerkzeuge*, da er sehr gut mit dem gesamten Produktspektrum von IBM Rational Software zusammenpasst. Verfolgt man die Geschichte von Rational Software, wird die richtige Reihenfolge offenbar: Zuerst war eine Vision da, wie ein moderner Softwareentwicklungsprozess aussehen sollte (damals noch in Form des Objectory Process, Booch-Methoden, OMT etc.). Aufgrund dieser Vision wurden Entwicklungswerkzeuge zusammengestellt, die den Prozess optimal unterstützen können. Dennoch ist der RUP ganz bewusst so gestaltet, dass er mit beliebigen Entwicklungswerkzeugen unterschiedlichster Hersteller eingesetzt werden kann, was die Praxis auch vielfach belegt.

RUP-Inhalte

Wichtige Prinzipien für geschäftsorientierte Entwicklung

Anders als in anderen Domänen wie Brücken- oder Luftfahrzeugbau gibt es in der Softwareentwicklung wenige Prinzipien, die sich auf harte Fakten stützen und den Erfolg eines Projekts sichern. Alternativ zu solchen harten Fakten haben sich **Best Practices** im Software Engineering herauskristallisiert, die auf praktischer Erfahrung basieren und zu höherer Qualität und Vorhersagbarkeit beitragen. Die hier genannten Prinzipien erweitern die klassischen Best Practices aus früheren Versionen des Rational Unified Process® auf Softwaresysteme, die sich in ihrem Lebenszyklus kontinuierlich fortentwickeln. Da die Softwareentwicklung immer mehr eine betriebswirtschaftliche Schlüsselkompetenz darstellt, spielen diese Aspekte nun eine wesentliche Rolle. Die Prinzipien können auch als Faustregel zur Bewertung laufender Projekte verwendet werden, nämlich dadurch, dass man sich die Frage stellt, welche der Prinzipien im Projekt befolgt werden. Jedes der Prinzipien ist beschrieben mit den Vorteilen und Mustern, die den richtigen bzw. falschen Einsatz kennzeichnen. Die Prinzipien im Einzelnen:

- Prozess anpassen
- Konkurrierende Stakeholder-Prioritäten ausgleichen
- Teamübergreifend zusammenarbeiten
- Nutzen iterativ nachweisen
- Abstraktionsgrad erhöhen
- Ständige Konzentration auf Qualität

Prozess anpassen

Dieses Prinzip besagt, dass der Prozess an das Projekt angepasst werden muss. „Mehr“ oder „Weniger“ an Prozess ist nicht besser, stattdessen muss das, was im Prozess gefordert wird, zum Charakter des Projekts passen. Die Formalität im Prozess, Genauigkeit und Anzahl der zu liefernden Ergebnisse müssen auf verschiedene Faktoren abgestimmt sein, wie zum Beispiel auf die Teamgröße und von außen auferlegte Rahmenbedingungen.

Vorteile dieses Ansatzes sind Effizienz, erhöhte Agilität sowie realistische Pläne und Schätzungen. Eine erfolgreiche Umsetzung der

Prozessanpassung richtet sich nach der Größe und der geografischen Verteilung des Projektteams, der Komplexität der Anwendung und gesetzlichen Regelungen. Im Projektverlauf kann das Maß an Formalität zunehmen, außerdem sollte der Prozess laufend verbessert werden. Gegen eine erfolgreiche Umsetzung spricht, „mehr Prozess" und mehr Planung am Anfang als besser anzusehen – gerade in dieser Phase gibt es noch viel Unsicherheit, die gegen einen detaillierten Prozess zu diesem Zeitpunkt spricht. Das kann sich dadurch äußern, dass die frühen Schätzungen als genau und bindend betrachtet werden oder dass am Anfang ein detaillierter Plan über den gesamten Projektverlauf aufgestellt wird und das Projekt nach diesem statischen Plan verfolgt wird.

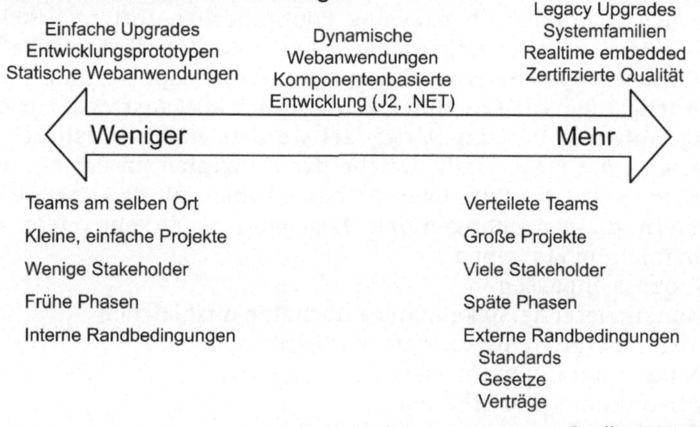

Quelle: RUP, 2006

Konkurrierende Stakeholder-Prioritäten ausgleichen

Dieses Prinzip adressiert, wie wichtig es ist, unterschiedliche, sich oft gegenseitig ausschließende, Bedürfnisse auszugleichen, sowohl aus Sicht der Projektbeteiligten als auch aus wirtschaftlicher Sicht. Ein weiterer Aspekt ist dabei die Aufteilung eines Projekts in Anteile von Eigenentwicklung und Wiederverwendung bestehender Lösungen.

Als Vorteile lassen sich nennen, dass ein so entwickeltes System den Bedürfnissen aller Projektbeteiligten am ehesten gerecht wird, dass die Kosten für Eigenentwicklung sich einsparen lassen und so der wirtschaftliche Wert optimiert werden kann.

Zu einer erfolgreichen Umsetzung dieses Prinzips gehört es, Geschäfts- und Anwenderinteressen zu ermitteln, zu verstehen und zu priorisieren. Genauso wichtig ist es jedoch, nach bereits existierenden Lösungen Ausschau zu halten und deren Mächtigkeit zu untersuchen, um die angebotenen Funktionen den Benutzerwünschen gegenüberzustellen.

Gegen eine erfolgreiche Umsetzung spricht es, wenn Anforderungen zu Beginn eines Projekts detailliert dokumentiert und abgenommen werden, so dass Änderungen die Kosten in jeden Fall erhöhen und dadurch auch Wiederverwendung von – zu diesem Zeitpunkt noch nicht bekannten – Komponenten erschwert wird. So können auch reine Eigenentwicklungen von einer mangelhaften Umsetzung dieses Prinzips zeugen.

Anforderungsmanagement ist ein Schlüssel, um das Ausbalancieren der Stakeholder-Prioritäten umzusetzen. Eine Anforderung beschreibt eine Fähigkeit, die ein System zur Verfügung stellen muss, oder eine Bedingung, der ein System genügen muss. Anforderungsmanagement ist ein systematischer Ansatz zum Finden, Dokumentieren, Organisieren und Nachverfolgen der sich ändernden Anforderungen eines Systems.

Das hört sich einfach an, ist in der Praxis allerdings aus folgenden Gründen schwierig:

- Anforderungen sind nicht für jeden offensichtlich und haben viele Quellen.
- Anforderungen lassen sich nicht immer einfach oder klar ausdrücken.
- Auftragnehmer und Auftraggeber haben oft unterschiedliche Vorstellungen von dem, was eine Anforderung bedeutet.
- Anforderungen ändern sich.
- Ohne Kontrolle kann die Anzahl der Anforderungen ausufern.

Anforderungsmanagement besteht nicht nur aus dem einmaligen Erfassen und Dokumentieren von Anforderungen. Dazu gehört auch, sich ändernde Anforderungen im gesamten Verlauf eines Projekts an zentraler Stelle zu organisieren, die Auswirkungen von Änderungen einzuschätzen und einmal getroffene Entscheidungen zu dokumentieren. Dies erfordert einiges an Disziplin und zeigt zunächst keinen unmittelbaren Nutzen, so dass dies in der Praxis leider oft vernachlässigt wird.

Teamübergreifend zusammenarbeiten

Dieses Prinzip betont die Rolle der projektweiten Zusammenarbeit und Kommunikation, die durch vernünftige Teamorganisation und eine entsprechende Arbeitsumgebung erreicht werden kann. Zu den Vorteilen gehören höhere Teamproduktivität sowie eine bessere Wahrung der Geschäftsinteressen bei der Entwicklung und eine bessere Kooperation mit dem produktiven Betrieb eines Systems.

Die Motivation der Projektbeteiligten steht an erster Stelle bei der Umsetzung dieses Prinzips, gefolgt vom Aufbau selbst organisierender Teams und rollenübergreifender Zusammenarbeit, d. h., dass Systemanalytiker, Entwickler und Tester sowie Betreiber eines Systems direkt zusammenarbeiten. Wichtig bei der Umsetzung sind eine geeignete Entwicklungsinfrastruktur und das Management der darin entstehenden Ergebnisse.

Gegen eine Umsetzung spricht das Unterstützen heroischer Entwickler, die z.B. dazu bereit sind, viele Überstunden zu leisten. Ebenso dagegen spricht es, spezialisierte Rollen mit Tools auszustatten, mit denen zwar eine bestimmte Aufgabe gut erledigt werden kann, die jedoch nicht von anderen Teammitgliedern benutzt werden können und sich nicht in die restliche Entwicklungsumgebung integrieren.

Die Rolle der Teamzusammenarbeit kann nicht überbetont werden. Solche „weichen“ Faktoren haben mit dem Agilen Manifest Einzug in Entwicklungsprozesse gehalten und finden sich im RUP unter dem Thema „Agile Practices and RUP“ wieder.

Wert iterativ demonstrieren

Dieses Prinzip demonstriert die Vorteile des iterativen Vorgehens in der Softwareentwicklung. Die Vorteile bestehen aus einem frühen Reduzieren von Risiken, besserer Vorhersagbarkeit im Projektverlauf sowie größerem Vertrauen der Projektbeteiligten. Das Prinzip baut auf vier Regeln auf:

- **Inkrementell** ausliefern, um früh und regelmäßig Feedback zu bekommen: Der Knackpunkt ist, die Ergebnisse einer Iteration auch wirklich den anderen Projektbeteiligten wie Kunden und Anwendern zu zeigen. Diese sollen Feedback geben, ob die Entwicklung in die richtige Richtung geht und auf Fehlentwicklungen aufmerksam machen.
- **Pläne anpassen**: Basierend auf den bisherigen Ergebnissen sollen nicht nur die Pläne angepasst werden, sondern auch die Anforde-

rungen und Designmodelle auf ihre Tragfähigkeit für die weitere Entwicklung untersucht werden.

- **Änderungen behandeln und verwalten**: „Embrace Change", wörtlich übersetzt bedeutet das „Veränderungen umarmen" und im übertragenen Sinne, Änderungen begeistert aufzunehmen – dies ist das Leitmotto von Extreme Programming (XP), von dem im Vergleich mit agilen Prozessen die Rede sein wird. Dieses Motto war aber auch schon vor XP im RUP enthalten und trägt der Beobachtung Rechnung, dass Änderungen, speziell was die Anforderungen angeht, in Softwareprojekten eher die Regel als die Ausnahme sind. Zum Beherrschen dieser Änderungen braucht man allerdings die geeigneten Prozesse und Werkzeuge – dies ist weiter unten ausführlicher beschrieben.
- **Die größten Risiken früh ausräumen**: Wie weiter unten beschrieben, bietet iterative Entwicklung im Gegensatz zum Wasserfallmodell wesentlich bessere Möglichkeiten, Risiken früh auszuräumen. Im Sinne des Projekterfolgs ist es wesentlich, Risiken früh zu erkennen und anzugehen, etwa durch regelmäßige Risikoanalysen.

Das hier vorgestellte Prinzip beinhaltet zwei wesentliche Elemente des RUP, nämlich iterative Entwicklung und **Änderungsmanagement**, deshalb werden die beiden im Folgenden etwas detaillierter vorgestellt.

Die traditionelle Methodik für das Vorgehen in Softwareprojekten ist das sogenannte Wasserfallmodell. Dies geht davon aus, dass eine Tätigkeit – wie z.B. das Erfassen der Anforderungen – vor dem nächsten Schritt, dem Design, vollständig abgeschlossen wird. Diese

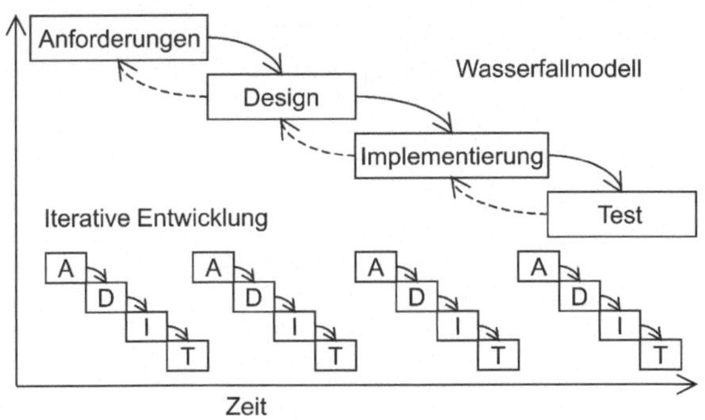

Vorgehensweise wurde aus anderen Ingenieurdisziplinen, in denen sie erfolgreich angewendet wird, auf die Softwareentwicklung übertragen.

Das **Wasserfallmodell** hat trotz der Vorteile, die es auf den ersten Blick verspricht, in der Praxis einige Nachteile: Wenn die Anforderungsphase erst einmal abgeschlossen ist – hier spricht man auch vom Einfrieren der Anforderungen (Requirements Freeze) –, ist es schwer, geänderte Anforderungen in das Projekt einzubringen. Ein weiterer Nachteil ist, dass die Implementierung erst sehr spät beginnt und so über einen langen Zeitraum die technische Machbarkeit infrage steht, was wiederum Risiko erhöht. Besonders gefährlich ist das späte Testen, da die Fehler, die zu diesem Zeitpunkt entdeckt werden, nur teuer oder gar nicht mehr zu beheben sind.

Eine Alternative zum Wasserfallmodell stellt die **iterative Entwicklung** dar. Hierbei werden die Schritte aus dem Wasserfallmodell mehrere Male zyklisch durchlaufen und das Entwicklungsergebnis entsteht inkrementell, das heißt, nach jeder Iteration ist ein immer größerer Teil des Systems fertig gestellt. In den frühen Iterationen liegt der Fokus auf denjenigen Teilen des Systems, die entweder ein hohes Risiko beinhalten oder für die Architektur signifikant sind. Das Gewicht der unterschiedlichen Tätigkeiten, also Anforderungsmanagement, Analyse und Design, Implementierung usw., verschiebt sich im Laufe des Projekts. Am Ende jeder Iteration steht ein ausführbares Release.

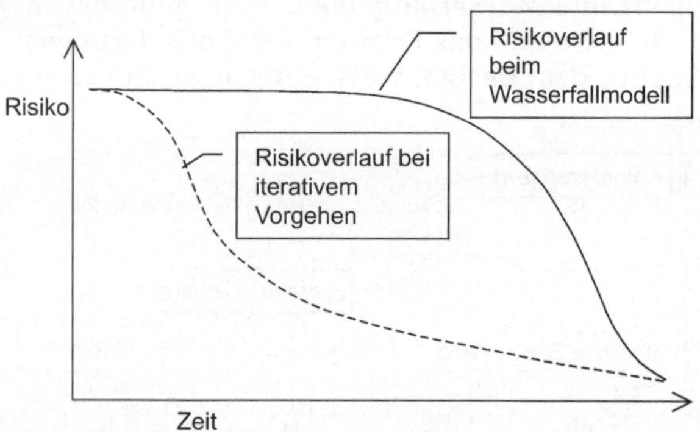

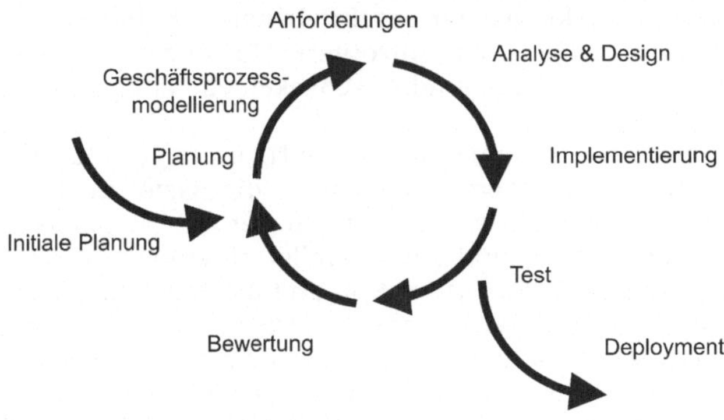

Eine Iteration im RUP

Die Planung eines iterativen Projekts ist aufwendiger als beim Vorgehen nach dem Wasserfallmodell. Gemäß RUP plant man zunächst das ganze Projekt grob und dann jede folgende Iteration im Einzelnen, wobei der Gesamtplan am Ende jeder Iteration an den Projektfortschritt angepasst wird. Mehr dazu findet sich im Kapitel ‚Zeitliche Struktur: Phasen und Iterationen' (Seite 16).

Trotz des höheren Planungsaufwandes hat die iterative Entwicklung wesentliche Vorteile:

- Risiken können gezielt in frühen Phasen angegangen werden, bevor hohe Kosten entstehen.
- Durch das wiederholte Durchlaufen des Entwicklungszyklus ist es einfacher, neue oder geänderte Anforderungen in das Projekt einfließen zu lassen.
- Die Projektbeteiligten arbeiten bereits früh im Projekt in allen Disziplinen, so dass während der Projektlaufzeit Erfahrungen in Bereichen gesammelt werden können, die sonst erst in späten Phasen gemacht werden (Implementierung, Test, Build-Management, Auslieferung, ...). Brooks schreibt, einer der Vorteile der iterativen Entwicklung sei, dass man in jeder Phase ein lauffähiges System hat [Brooks, 1995, Seite 268].

Aus den genannten Punkten ergibt sich, dass besonders bei Neuentwicklungen die iterative Vorgehensweise Vorteile verspricht. Bei der Wartung oder der Entwicklung von Zusatzmodulen kennt man bereits sein eigenes Vorgehen, die Risiken sind kleiner, und es steht ein lauffähiges System zur Verfügung.

Der zweite Aspekt des hier beschriebenen Prinzips ist das Beherrschen von Änderungen. Das kontrollierte Einbringen von Änderungen ist mehr als das bloße Ein- und Auschecken von Files. Es umfasst die folgenden Punkte:

- Etablieren eines Systems für das Konfigurationsmanagement: Das Konfigurationsmanagementsystem ist die Basis für Softwareentwicklung im Team. Es gibt den Entwicklern die Möglichkeit, unabhängig voneinander und auch parallel zu entwickeln und ist die Voraussetzung für die Integration und das Build-Management.
- Managen von Aktivitäten: Jede Änderung, auch ein Bugfix, kann fehlerhaft sein oder zu unerwünschtem Verhalten führen. Deshalb ist es wichtig, Kontrolle darüber zu behalten, wer wann welche Änderung einbringt. Unkontrollierte Änderungen kosten darüber hinaus nicht kalkulierte Projektzeit und gefährden damit die Projektplanung.
- Managen von Iterationen und Releases: Klar definierte und reproduzierbare Stände – zumindest am Ende jeder Iteration – bilden die Basis für den weiteren Projektfortschritt und die Auslieferung.
- Änderungsverfahren: Zu Beginn eines Projekts sind Änderungen in den Anforderungen noch gut beherrschbar, zumindest solange diese noch in Bearbeitung sind. In späteren Phasen wird das zunehmend schwieriger, und ein definiertes Änderungsmanagement erlaubt einen bewussten Umgang damit. Dazu gehört ein Verfahren, wie man mit Änderungswünschen umgeht, das je nach Projekt mehr oder weniger formal sein kann.

Den Abstraktionsgrad erhöhen

Komplexität ist eines der wesentlichen Merkmale von Softwaresystemen. Die Erhöhung des Abstraktionsniveaus hilft dabei, Komplexität zu reduzieren. Außerdem lässt sich so das Ausmaß an Dokumentation für ein Projekt reduzieren. Die Vorteile dieses Vorgehens liegen in erhöhter Produktivität und verminderter Komplexität. Eine erfolgreiche Umsetzung zeichnet sich durch das Wiederverwenden bestehender Lösungen aus, die Verwendung von abstrakteren Tools und Sprachen und einer frühen Konzentration auf die Architektur. Gegen eine erfolgreiche Umsetzung spricht es, direkt von unklaren Anforderungen zum Umsetzen in selbst entwickelten Code zu gehen.

Eines der Hauptprobleme in der Softwareentwicklung ist wie gesagt die Komplexität von Systemen. Wenn es gelingt, die Komplexität zu reduzieren, kann die Produktivität im Projekt signifikant gesteigert werden. Einer der Wege, die dazu führen, ist die Wiederverwendung existierender Lösungen. In diesem Zusammenhang sind auch „Middleware"-Lösungen wie Datenbanken, Web-Server, Portale usw. zu betrachten als auch der Einsatz von Open-Source-Software.

Eine weitere Option ist der Einsatz von abstrakteren Sprachen und Tools, was in den meisten Fällen auf das Erstellen visueller Modelle hinausläuft. Ein Modell ist eine Vereinfachung der Realität. Es konzentriert sich auf die Aspekte eines Systems, die aus einer bestimmten Perspektive wichtig sind, und lässt Details weg, die nicht von Interesse sind. Modelle werden verwendet, um komplexe Systeme besser verstehen zu können. Das ist aus anderen Branchen bekannt: Im Bauwesen wäre es unvorstellbar, ohne Baupläne an die Arbeit zu gehen. Dort gibt es verschiedene Pläne für Statik, Installationen und Raumaufteilung.

Im RUP wird zu diesem Zweck die **Unified Modelling Language**™ (**UML**) eingesetzt, eine genormte Notation zur Visualisierung, Spezifikation, Konstruktion und Dokumentation der **Artefakte** software-intensiver Systeme. Mit der UML können die statischen und dynamischen Aspekte eines Systems beschrieben werden.

Schließlich ist die frühe Konzentration auf die Architektur als Mittel zum Erhöhen des Abstraktionsniveaus zu nennen. Im Mittelpunkt steht hier das Definieren der großen Blöcke und deren Zusammenspiel innerhalb einer Applikation sowie das Definieren von Architekturmechanismen, die Standardlösungen für häufige Problemstellungen in der Entwicklung zur Verfügung stellen.

Ständige Konzentration auf Qualität

Kern dieses Prinzips ist es, dass **Qualität** nur erreichbar ist, wenn sie während des gesamten Lebenszyklus aktiv angestrebt wird. Dies wird vor allem durch ein darauf abgestimmtes iteratives Vorgehen erreicht. Die Vorteile beim kontinuierlichen Fokussieren auf Qualität sind natürlich eine höhere Qualität, aber auch eine frühere Einsicht in den eigenen Prozess und wie Qualität erreichbar ist. Bei einer erfolgreichen Umsetzung steht das ganze Team für die Qualität des Produkts ein, Tests werden früh und im Takt mit den Iterationen durchgeführt, und Testautomatisierung wird inkrementell aufgebaut. Mit dem Prinzip nicht vereinbar ist es, sämtliche Unit-Tests und Reviews direkt vor den Integrationstests abzuschließen, da dadurch diese Tests nach hinten geschoben werden und der iterative Charakter der Tests verloren geht.

Es ist wichtig, sich vor Augen zu führen, dass das gesamte Team für die Qualität verantwortlich ist, Analytiker haben Verantwortung dafür, dass die Anforderungen testbar sind, Entwickler sollten die Testbarkeit während der Entwicklung im Auge behalten sowie ihren eigenen Code testen, Manager müssen dafür sorgen, dass Tests am Ende jeder Iteration eingeplant und auch durchgeführt werden, die Tester schließlich leiten das Team in Qualitätsfragen an und sind für die Produkttests verantwortlich, einschließlich funktionaler Tests, Systemtests und Performanztests.

Einer der wesentlichen Vorteile iterativer Entwicklung ist die Möglichkeit, den Ansatz *„früh und kontinuierlich testen"* zu ermöglichen. So wie das Produkt inkrementell wächst, so sollen auch die definierten Tests für das Produkt wachsen.

Zwei Ausprägungen von Qualität sind Produkt- und Prozessqualität. Letztere beschreibt, inwieweit ein Prozess definiert ist und im Projekt eingehalten wird. Produktqualität bezieht sich auf die Eigenschaften des Produkts selbst. Hier ist nicht unbedingt der Idealzustand – fehlerfreie Software – das Maß der Dinge, sondern „good enough Software", das heißt, Software, die gut genug ist. Das kann zum Beispiel bedeuten, dass es ausreicht, *dass* eine Anforderung umgesetzt wurde und nicht entscheidend ist, *wie* diese umgesetzt wurde.

Eigenschaften des RUP

Der RUP ist durch drei wesentliche Eigenschaften gekennzeichnet:

- iterativ
- Use-Case-getrieben
- architekturzentriert

Die iterative Entwicklung prägt die zeitliche Struktur des RUP, die Use Cases als Form der Anforderungsbeschreibung definieren die Inhalte der Entwicklung, und die Architektur bildet das Skelett des Systems.

Zeitliche Struktur: Phasen und Iterationen

Wie plant man iterative Projekte? Die vom Wasserfallmodell bekannte Methodik, zum nächsten Schritt zu gehen, wenn der vorherige abgeschlossen ist, ist bei iterativen Projekten nicht anwendbar, weil in jeder Iteration die gleichen Tätigkeiten wiederholt durchlaufen werden – wenn auch mit wechselnden Schwerpunkten. Im RUP wird ein Projekt in vier Phasen eingeteilt, die Auskunft über den Reifegrad des Projekts geben und die jeweils mit einem Meilenstein abgeschlossen werden. Eine Phase besteht aus einer oder mehreren Iterationen.

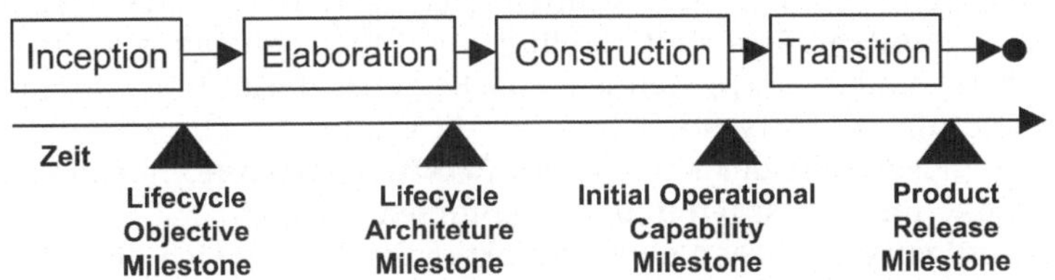

Quelle: Kruchten, 2000, Seite 62

Die vier Phasen sind im Einzelnen:

- **Inception**: Die Inception-Phase – auf Deutsch am ehesten mit ‚Konzeption' zu übersetzen – fokussiert auf die Ziele des Projekts. In der Inception-Phase wird die Projektvision zusammen mit einer ersten Risikoabschätzung erarbeitet. Die Use Cases des Systems sollen in groben Zügen bekannt sein (jedoch noch nicht ausformuliert sein), und es soll eine Abschätzung von Kosten und Nutzen des Projekts sowie eine grobe Planung geben. Am Schluss steht der Meilenstein **Lifecycle Objective**: Die Ziele für den Lebenszyklus des Projekts oder Produkts müssen klar definiert sein.
- **Elaboration**: Die Elaboration-Phase – Ausarbeitung – hat in der Hauptsache das Ziel, die Anforderungen des Projekts zu stabilisieren, eine Architektur zu definieren und die höchsten Risiken zu minimieren. Das Use-Case-Modell und zusätzliche Anforderungen sollen weitgehend (zu etwa 80%) komplett sein. Die Architektur soll beschrieben sein und in Form eines Architektur-Prototyps vorliegen. Der Architektur-Prototyp ist kein ‚Wegwerf-Prototyp', sondern die Basis für die weitere Systementwicklung, in der die architekturrelevanten Bestandteile des Systems implementiert sind. Das System „wächst" aus dem Architektur-Prototypen. Der Meilenstein am Ende dieser Phase wird **Lifecycle Architecture** genannt: Die Architektur für den Lebenszyklus des Projekts oder Produkts soll in beschriebener und ausführbarer Form vorliegen und weitgehend stabil sein.
- **Construction**: Im Mittelpunkt der Construction-Phase – Konstruktion – steht das Entwickeln und Testen der Systemkomponenten. Das System wird basierend auf der Architektur komplettiert. Am Ende der Construction-Phase steht ein produktiv einsetzbares Pro-

dukt, was sich im Meilenstein **Initial Operational Capability** widerspiegelt.

- **Transition**: Ziel der Transition-Phase – Übergang – ist der Übergang des Produkts zum Kunden. Neben dem Test des Produkts beim Kunden (Beta-Test) stehen die Fehlerbehebung, Schulung der Anwender, Fertigstellung von Begleitmaterial und Datenkonvertierung aus Altsystemen im Vordergrund. Am Ende der Transition-Phase steht der Meilenstein **Product Release**, mit dem das Projekt abgeschlossen und abgenommen wird.

Während der vier Phasen eines Projekts verschieben sich die Schwerpunkte zwischen den unterschiedlichen Disziplinen: Während in frühen Iterationen Anforderungen, Architektur und Design im Vordergrund stehen, sind dies im späteren Verlauf Implementierung und Test. Wichtig ist jedoch, im Auge zu behalten, dass sich lediglich der Schwerpunkt der Tätigkeiten verlagert und nicht eine Tätigkeit vor der nächsten abgeschlossen wird. Dies verdeutlicht auch die relativ bekannte Übersichts-Grafik des RUP, die auch ‚Hump-Chart' (Hügel-Diagramm) genannt wird.

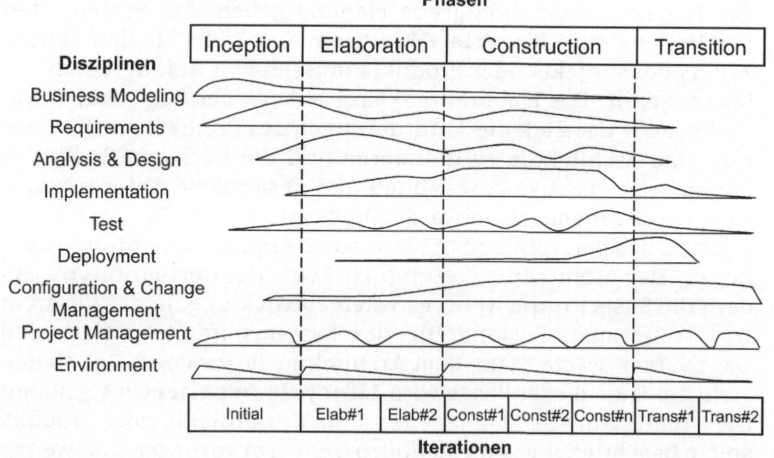

Quelle: RUP, 2002

Die Höhe der ‚Hügel' entspricht in etwa dem Aufwand, der in einer entsprechenden Disziplin im Lauf der Zeit investiert werden muss.

Die Zahl der Iterationen ist dabei nicht festgelegt und variiert von Projekt zu Projekt. Als Faustregel kann man dafür 6 ± 3 ansetzen. Der Phasenplan wird in der Inception-Phase in einer ersten Version erarbeitet und in den folgenden Phasen weiter konkretisiert. Iterationspläne werden nur für die jeweils nächste Iteration detailliert.

Für die Wartung der Software gibt es im RUP kein eigens definiertes Vorgehen, dies wird durch ein weiteres Durchlaufen eines Entwicklungszyklus mit seinen vier Phasen – allerdings mit anderen Schwerpunkten – realisiert.

Ein Use-Case-getriebener Prozess

Use Cases stellen eine Methode zur Beschreibung der funktionalen Anforderungen an ein System dar, also dessen, was das System leisten soll. Vorteile der Verwendung von Use Cases sind, dass diese Anforderungen in einer für viele Stakeholder verständlichen Art und Weise beschreiben und das Finden der Anforderungen und Benutzer eines Systems erleichtern.

Ein **Akteur** ist etwas oder jemand außerhalb des betrachteten Systems, der mit dem System interagiert. Typischerweise ist ein Akteur ein Benutzer des Systems, der durch seine Rolle dem System gegenüber repräsentiert wird. Ein Akteur kann auch ein externes System repräsentieren.

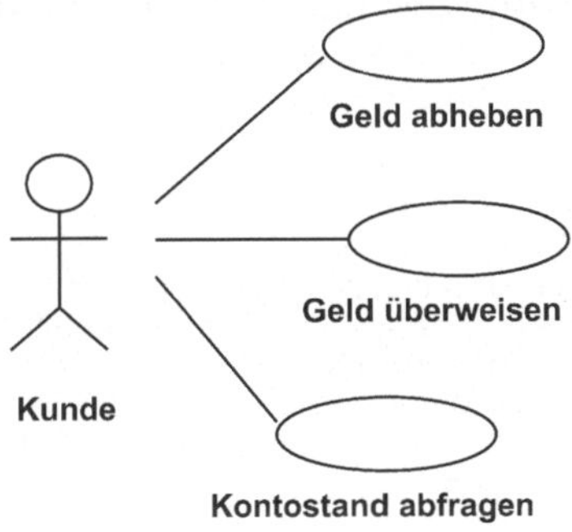

Use Cases für einen Geldautomaten

Ein **Use Case** – auch Anwendungsfall genannt – beschreibt eine Abfolge von Interaktionen zwischen Akteur und System, die ein Ergebnis von Wert für den Akteur liefert.

Ein Use Case wird detailliert in einem Dokument – der Use-Case-Spezifikation – beschrieben. Einen wesentlichen Teil der Use-Case-Spezifikation bildet der ‚**Flow of Events**': Er beschreibt die Interaktionen zwischen System und Akteur. Wie ein solcher ‚Flow of Events' aussehen kann, zeigt folgendes Beispiel für den Use Case ‚Geld abheben' an einem Geldautomaten:

1. Der Use Case beginnt, wenn der Kunde seine Karte in den Geldautomaten einführt.
2. Das System prüft die Karte und fordert den Kunden auf, seine Geheimzahl einzugeben.
3. Der Kunde gibt seine Geheimzahl ein.
4. Das System prüft die Geheimzahl und bietet dem Kunden die Funktionsauswahl an.
5. Der Kunde wählt die Funktion ‚Barauszahlung'.
6. Das System bietet dem Kunden verschiedene vordefinierte Beträge (20 €, 50 €, 100 €, 150 €, 200 €) zur Auszahlung an sowie die Option, einen anderen Betrag festzulegen.
7. Der Kunde wählt einen der angebotenen Beträge aus.
8. Das System gibt die Karte mit einer Meldung an den Kunden zurück.
9. Der Kunde entnimmt die Karte.
10. Das System stellt das Geld im Ausgabeschacht zur Verfügung.
11. Der Kunde entnimmt das Geld aus dem Ausgabeschacht.
12. Das System schließt den Ausgabeschacht. Hiermit endet der Use Case.

Das Beispiel beschreibt den ‚Basic Flow', den einfachsten Fall, in dem keine Fehler auftreten und der auch ‚Happy-Day-Szenario' genannt wird. Am Ende steht für den Akteur ein Ergebnis von Wert, in diesem Fall, dass er den gewünschten Geldbetrag erhalten hat. Ein Use Case beinhaltet jedoch nicht nur diesen Fall, sondern auch die möglichen Alternativen, diese sind in ‚Alternate Flows' beschrieben, wie im folgenden Beispiel:

4a. Geheimzahl ist nicht korrekt:
- 4a 1. Das System fordert den Kunden erneut auf, die Geheimzahl einzugeben. Zurück zu Schritt 3.
- 4a 2. Wenn der Kunde die Geheimzahl dreimal falsch eingegeben hat, zieht das System die Karte ein und gibt eine Meldung an den Kunden aus. Der Use Case endet damit.

Mit den ‚Alternate Flows' und dem ‚Basic Flow' gibt es verschiedene Möglichkeiten, einen Use Case zu durchlaufen. Einen konkreten Durchlauf durch den Use Case nennt man **Szenario**. Szenarien eignen sich ideal als Basis für den Test des Systems.

Beim Arbeiten mit Use Cases ist es wichtig, sich zu vergegenwärtigen, was das jeweils betrachtete System (auch ‚System under Design' oder kurz SuD) umfasst und wie detailliert die Beschreibung sein soll. Als weiterführende Literatur dazu ist [Bittner, 2003] oder [Cockburn, 2001] zu empfehlen.

Innerhalb des RUP dienen Use Cases als Grundlage für Analyse, Design, Implementierung, Test sowie die Iterationsplanung. In der

Analyse entsteht auf Basis der Use Cases ein fachliches Klassenmodell, welches im Design weiterentwickelt wird. Für jede Iteration werden die Use Cases bzw. Szenarien ausgewählt, die implementiert werden sollen – schließlich soll ja am Ende jeder Iteration ein ausführbares Release stehen, das getestet wird. In den ersten Iterationen werden diejenigen Use Cases ausgewählt, die das höchste Risiko bergen oder für die Architektur signifikant sind. In den späteren Iterationen werden die Use Cases nach der Wichtigkeit für den Kunden ausgewählt.

Ein architekturzentrierter Prozess

Welche Vorteile bringt die Verwendung von **Architektur**? Was ist Softwarearchitektur eigentlich? Auf die letztere Frage gibt es keine schlussendliche Antwort, denn es existiert keine einheitliche Definition für Softwarearchitektur und deren Beschreibung. Trotz verschiedener Auffassungen über Architektur herrscht Einigkeit darüber, dass Architektur wichtig ist, wichtig zum Verstehen, Implementieren und Erweitern eines Systems. Brooks schreibt, dass konzeptionelle Integrität *die* wichtigste Überlegung im Systemdesign ist, speziell für große Systeme [Brooks, 1995, Seiten 42 und 232]. Der RUP definiert Softwarearchitektur folgendermaßen: Architektur umfasst die wesentlichen Entscheidungen über

- die Organisation eines Softwaresystems,
- die Auswahl der strukturellen Elemente und Schnittstellen, aus denen das System aufgebaut ist, zusammen mit dem Verhalten, das durch die Kollaboration dieser Elemente spezifiziert ist,
- die Komposition dieser Elemente in zunehmend größere Teilsysteme,
- den Architekturstil, der die Organisation der verschiedenen Elemente leitet.

Architektur betrifft nicht nur Struktur und Verhalten eines Systems, sondern auch den Kontext: Benutzerfreundlichkeit, Funktionalität, Performance, Wiederverwendung, wirtschaftliche und technische Randbedingungen und Entscheidungen und schließlich die Ästhetik.

Letztlich dient die Architektur dem Verständnis des Systems. Deshalb kommt einer verständlichen Darstellung der Architektur für die verschiedenen Stakeholder – Systemanalytiker, Projektleiter, Entwickler, Endbenutzer, ... – eine wichtige Rolle zu. Verschiedene Sichten auf ein Modell stellen die für jede Gruppe wesentlichen Aspekte dar. Basierend auf einem Vorschlag von Philippe Kruchten verwendet der RUP das ‚4+1 View Model of Architecture' [Kruchten, 1995].

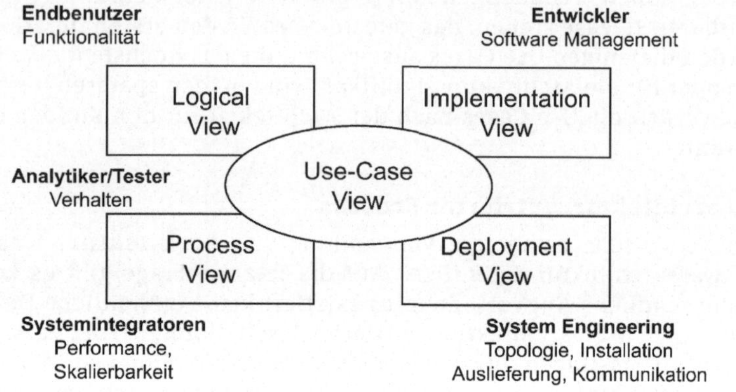

Quelle: Kruchten, 1995

- **Use Case View**: Die Use Case View beinhaltet die für die Architektur relevanten Use Cases und Szenarien und ist für alle Stakeholder relevant.
- **Logical View**: Die logische Sicht beschreibt die Struktur des Systems auf Basis von Klassen und Interfaces und wie diese in Packages, Subsystemen und Schichten (Layers) hierarchisch organisiert sind.
- **Implementation View**: Die Implementierungssicht beschreibt die Struktur des Systems auf Basis von Komponenten und ihrer hierarchischen Organisation. In erster Näherung kann man unter Komponenten hier Sourcefiles und Executables verstehen.

Auf den ersten Blick sehen Logical View und Implementation View sehr ähnlich aus, wo ist also der Unterschied? Nehmen wir ein Beispiel: Man kann in einem Sourcefile mehrere Klassen implementieren, genauso wie es möglich ist, Sourcefiles in verschiedene Verzeichnisse zu gruppieren, ohne dass die darin enthaltenen Klassen in ähnlicher Form im Logical View organisiert sind (in C++ war das vor der Einführung von Namespaces nicht anders möglich). In diesen Fällen unterscheiden sich Logical View und Implementation View.

- **Process View**: Die Prozesssicht beschreibt gleichzeitig ablaufende Vorgänge im System. Dabei geht es um Prozesse, Tasks und Threads, deren Verhältnis zueinander und deren Zuordnung zu Klassen. Die Prozesssicht wird nur dann verwendet, wenn parallele Abläufe im System eine wichtige Stellung einnehmen, ansonsten kann sie weggelassen werden.
- **Deployment View**: Der Deployment View beschreibt die Aufteilung der Prozesse oder Komponenten im System auf verschiedene Rechner bzw. Knoten. Analog zum Process View wird der Deployment View nur bei verteilten Systemen eingesetzt.

Bei Systemen mit Schwerpunkt auf Datenverwaltung kann auch eine Data View hinzukommen.

Insgesamt wird die Architektur mit den verschiedenen Teilen eines UML-Modells beschrieben. In Dokumentenform wird dies zusammen mit textueller Beschreibung zum **Software Architecture Document** zusammengefasst.

Unified Method Architecture

Zusammen mit dem RUP wurde ein Metamodell zur Beschreibung des Prozesses entwickelt und bei der OMG (Object Management Group) unter dem Namen **SPEM** (Software Process Engineering Metamodel) als Standard etabliert.

Innerhalb der IBM gibt es allerdings viele verschiedene Vorgehensmodelle, die auch über die reine Softwareentwicklung hinausgehen. Mit dem Ziel einer einheitlichen Beschreibungsform für unterschiedlichste Vorgehensmodelle und höchstmöglicher Flexibilität wurde 2005 ein neues Metamodell, die Unified Method Architecture (UMA), als Grundlage des RUP eingeführt. Dieses Metamodell wurde mit Partnerunternehmen der OMG als Vorschlag zur Standardisierung in SPEM 2.0 eingereicht.

Grundprinzip der UMA ist eine deutliche Trennung von Methodeninhalten und ihrer Verwendung im zeitlichen Ablauf eines Prozesses. Methodeninhalte beschreiben Arbeitsergebnisse, was detailliert getan werden muss, um zu diesen Arbeitsergebnissen zu gelangen (unabhängig von zeitlichen Abhängigkeiten) und das erforderliche Know-how. Die Prozessabläufe geben den Methodeninhalten eine zeitliche Abfolge und lassen eine Anpassung an unterschiedliche Projekttypen zu.

Der folgende Abschnitt stellt die wesentlichen Prozesselemente und Methodeninhalte kurz vor.

Methodeninhalte:

- Rollen: Wer tut etwas?
- Arbeitsergebnisse: Was soll das Ergebnis sein?
- Aufgaben: Wie wird etwas getan?

Prozesselemente:

- Aktivitäten: Sind die grundlegende Einheit, aus der Prozesse zusammengesetzt werden. Aktivitäten können hierarchisch gegliedert sein und andere Aktivitäten, Aufgaben, Rollen und Arbeitsergebnisse referenzieren.
- Prozessmuster: Beschreibt eine Gruppierung von Aktivitäten zu einer Prozesskomponente. Stellt aber noch keinen vollständigen Prozess dar.
- Bereitgestellter Prozess: Beschreibt einen konkreten Prozess, der in einem Projekt verwendet wird.

Eine **Rolle** legt die Verantwortung für bestimmte Aufgaben fest. Es gibt keine 1:1-Zuordnung von Rolle zu Person, sondern eine Person kann mehrere Rollen wahrnehmen (Michael ist Designer und Systemanalytiker). Genauso können auch mehrere Personen eine Rolle einnehmen (Herbert, Frank und Inge sind Implementierer). Für ein Arbeitsergebnis können mehrere Rollen verantwortlich sein, wobei es stets eine hauptverantwortliche Rolle gibt.

Eine **Aufgabe** hat ein klar definiertes Ziel und liefert ein Ergebnis, das für das Projekt von Bedeutung ist. Eine Aufgabe ist so angelegt, dass sie in wenigen Stunden oder Tagen ausgeführt werden kann, und sie besteht üblicherweise aus mehreren Schritten.

Ein **Arbeitsergebnis** ist das Ergebnis einer Aufgabe und Grundlage für weitere Aufgaben. Arbeitsergebnisse können nochmals unterteilt werden in **Artefakte**, **Liefergegenstände** und **Resultate**. Artefakte sind definierte Arbeitsergebnisse einzelner Aufgaben z.B. Quellcode, Modelle etc. und auch Dokumente, wobei diese nicht im Vordergrund stehen. **Liefergegenstände** bündeln individuelle Arbeitsergebnisse zur Auslieferung an den Auftraggeber, **Resultate** beschreiben nicht greifbare, formlose Resultate, wie z.B. einen installierten Server, die im Gegensatz zu Artefakten kein Potenzial für Wiederverwendung haben.

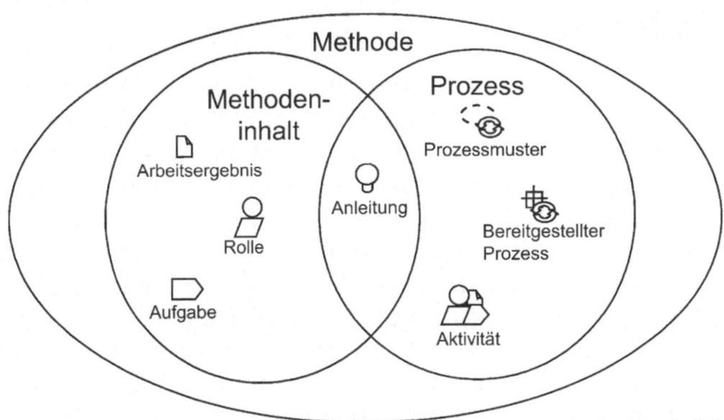

Quelle: RUP, 2005

Neben diesen wichtigsten Konzepten werden im RUP die folgenden verwendet:

Eine **Disziplin** ist die oberste Gruppierung von Methodeninhalten und fasst Aufgaben zusammen, die zu einem bestimmten Bereich gehören. Die Disziplinen werden im nächsten Kapitel ausführlicher beschrieben. Ein **Prozessmuster** ist eine wiederverwendbare Prozesskomponente und gruppiert mehrere zusammenhängende Aktivitäten (z.B. einer Disziplin) zu einer Einheit, die Bestandteil eines ausgerollten Prozesses werden. In der **Work Breakdown Structure** werden Aktivitäten entsprechend ihrer Hierarchien gegliedert.

All das kann durch **Anleitungen** – Guidance – ergänzt werden, die z.B. Techniken und Hinweise zur Ausführung der Aktivität oder zum Aufbau des Artefakts enthalten. Anleitung wird in verschiedenen Formen bereitgestellt, beispielsweise durch Prüflisten, Konzepte, Beispiele und Vorlagen.

Hinweis: In früheren Versionen des RUP und auch in [Kruchten, 2000] werden noch die Begriffe aus SPEM 1.0 verwendet. Diese sind am Ende des Buches den gegenwärtigen Definitionen gegenübergestellt.

Disziplinen

Der RUP® gliedert sich im Methodeninhalt in neun **Disziplinen** – in früheren Versionen auch Workflows genannt –, die jeweils zusammengehörige Rollen, Aufgaben und Arbeitsergebnisse umfassen.

In diesem Kapitel werden die einzelnen Disziplinen lediglich im Überblick vorgestellt. Die beschriebenen Rollen, Aufgaben und Arbeitsergebnisse sind keineswegs vollständig und wurden zum Teil zusammengefasst. D. h., die Aufgaben sind übersetzt und entsprechen nicht immer genau einer RUP-Aufgabe. Manche Arbeitsergebnisse setzen sich auch schon laut RUP aus anderen Arbeitsergebnissen zusammen, so dass dabei nur das „Container"-Arbeitsergebnis erwähnt wird. Im RUP beschriebene **Review**-Aufgaben werden im Allgemeinen nicht extra erwähnt.

Zur praktischen Umsetzung der Disziplinen ist wesentlich mehr Detailwissen erforderlich, das jeweils leicht ein eigenes Buch füllt, wie z.B. Anforderungsmanagement kompakt [Dörnemann, 2003]. Die erste Referenz für nötige Detailinformation ist selbstverständlich der RUP selbst.

Wer sich auf das Wesentliche konzentrieren möchte, dem sei empfohlen, zunächst nur die allgemeine Beschreibung und den Zweck jeder Disziplin zu lesen und die detaillierteren Angaben bei näherer Beschäftigung mit der Disziplin durchzugehen.

Business Modeling

Die erste Disziplin des RUP ist die **Geschäftsprozessmodellierung**. Auch wenn diese Disziplin für manche Projekte als optional anzusehen ist, so sollte die Bedeutung nicht unterschätzt werden. Gerade im Sinne **geschäftsorientierter Entwicklung** ist Geschäftsprozessmodellierung ein wichtiges Bindeglied zur wirtschaftlichen Betrachtung des Nutzens von Softwareentwicklung.

Wichtig ist diese Disziplin in erster Linie für Anwendungen, die auch wirklich Geschäftsprozesse automatisieren, wie z.B. im Bankwesen oder in der Versicherungsindustrie. Auch wenn die Geschäftsprozessmodellierung durchaus für den Embedded-Bereich nützlich sein kann, so ist sie hier nicht sehr üblich. Bei mancher Software macht diese Disziplin allerdings wirklich wenig Sinn. So ist z.B. bei einem Autoradio kein bemerkenswerter Geschäftsprozess zu modellieren. Im Gegensatz zu anderen bekannten Ansätzen der Geschäftsprozessmodellierung verwendet der RUP auch hier angepasste UML-Diagramme, damit die Notation für alle Stakeholder einheitlich bleibt. Im Sinne der Anpassbarkeit ist es natürlich möglich, andere Notationen einzusetzen.

Zweck:

Die Geschäftsprozessmodellierung im Allgemeinen kann viele Zwecke erfüllen, z. B. die Optimierung von Geschäftsprozessen. Da der RUP primär die Entwicklung von Software oder Systemen mit hohem Softwareanteil abdeckt, hat die Geschäftsprozessmodellierung innerhalb des RUP hauptsächlich folgendes Ziel: Besseres Verständnis für den Geschäftsprozess, den das künftige Softwaresystem teilweise oder ganz automatisieren soll. Es geht darum, die fachlichen Abläufe auch über die Softwaregrenzen hinweg in visueller Form festzulegen und für alle Stakeholder verständlich zu machen. Visuell dargestellte Geschäftsprozesse dienen wiederum als wichtigste Quelle für die Anforderungsanalyse. Darüber hinaus helfen sie, zu verstehen, wie die fertige Software sich in den Geschäftsbetrieb einpasst.

Input-Arbeitergebnisse:

Da die Geschäftsprozessmodellierung am Anfang einer Kette von Tätigkeiten innerhalb von Iterationen steht, gibt es kaum explizite Input-Arbeitsergebnisse.

- *Business Modeling Guidelines* (Environment)

Aufgaben:

- *Analyse der gegenwärtigen Organisation*: Zum besseren Verständnis der fachlichen Situation ist eine Analyse der gegenwärtigen Organisation und ihrer Geschäftsprozessabläufe besonders wichtig.
- *Festlegung der Geschäftsprozessziele*: Festlegen der Ziele für die künftigen verbesserten Geschäftsprozesse. Dies hat auch große Bedeutung für die Grenzen des Bereichs, den das Geschäftsprozessmodell abdeckt.
- *Pflege eines fachlichen Wörterbuchs – **Glossar***: Die wichtigsten fachlichen Begriffe müssen für alle Stakeholder verständlich beschrieben werden.
- *Pflege von Business Rules*: Beschreibung und Pflege von **Regeln**, die fachlich gegeben sind, wie z. B. gesetzliche Regelungen oder mathematische Formeln.

- *Modellierung der Business Use Cases*: Beschreibung, welche externen Akteure welche Aufgaben von den modellierten Geschäftsprozessen fordern.
- *Modellierung des Business Object Models*: Beschreibung der internen Geschäftsprozessstruktur und -abläufe zur Erfüllung der geforderten Aufgaben.
- *Modellierung des Business System Context*: Darstellung der statischen Beziehung der Geschäftsprozesse mit ihrer Umgebung.
- *Definition der Automatisierung*: Bestimmung, welche Teile der Geschäftsprozesse mit welcher Technik automatisiert werden können.

Output-Arbeitsergebnisse:

- *Glossar*: Beschreibung der wichtigsten fachlichen Begriffe.
- *Business Rules*: Formeln oder sonstige Regeln, die fachlich verpflichtend vorgegeben sind.
- *Business Use Case Model*: Angepasstes UML-Use-Case-Modell zur Beschreibung externer Akteure und der Aufgaben – Business Use Cases –, die diese von den Geschäftsprozessen fordern.
- *Business Object Model*: Angepasstes UML-Klassenmodell. Beschreibt mithilfe von Klassen in Form von Business Workers und Business Entities die interne Struktur – Klassendiagramme – und die internen Abläufe – Interaktionsdiagramme – der Geschäftsprozesse. In seiner letzten Form heißt es eigentlich *Business Design Model*.
- *Business Context Model*: In „Context"-Diagrammen – angepasste Klassendiagramme – wird die Struktur zwischen der Umgebung des Geschäftsprozesses – den externen Akteuren – und des Geschäftsprozesses in Form von Schnittstellen dargestellt.

Die Abbildung zeigt ein **Business Use Case Model** kombiniert mit einem **Business Object Model**.

Business Use Case Model: Ein externer Akteur „Kunde" ruft den Business Use Case „Artikel bestellen" auf.

Business Object Model: Der interne Business Worker „Telefonverkäufer" nimmt die Bestellung auf und legt eine Business-Entity-„Bestellung" an, die wiederum mehrere Business-Entities-„Einzelposten" enthalten kann.

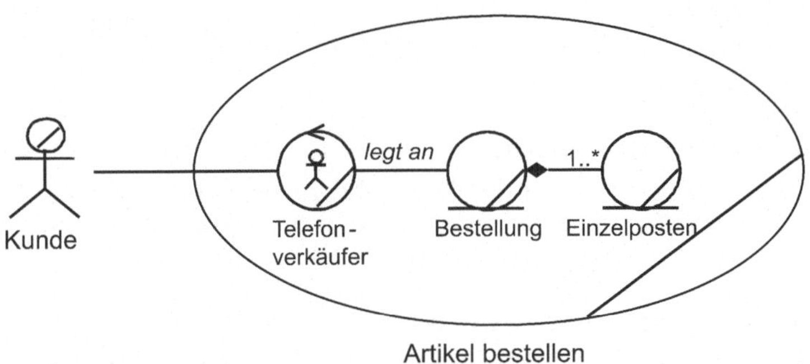

Requirements

Anforderungsmanagement ist ein systematischer Ansatz zum Erfassen, Dokumentieren, Organisieren und Verfolgen der sich ändernden Anforderungen eines Systems. Der Disziplin kommt eine wichtige Rolle innerhalb des RUP zu, da sie die treibende Kraft für die Entwicklung ist (‚ein Use-Case-getriebener Prozess'). Dabei geht es nicht nur darum, einmalig Anforderungen zu erfassen: Da Anforderungen oft erst spät entdeckt bzw. artikuliert werden, weil der Umfang eines Systems – definiert durch die Anforderungen – häufig geändert werden muss, reicht das nicht aus. Änderungen müssen eingearbeitet werden, möglichst an zentraler Stelle, damit das, was das System wirklich leisten soll, für alle Stakeholder verständlich ist. Die Anforderungen spielen dabei die Rolle eines „Stellvertreters" für die eigentlichen Stakeholder, die nicht immer verfügbar sind. Die Herausforderung der Disziplin Requirements liegt nicht darin, sich am Anfang einmal um das Thema Anforderungen zu kümmern, sondern darin, dies bis zum Ende durchzuhalten. Das Buch ‚Anforderungsmanagement kompakt' [Dörnemann, 2003] geht näher auf die gesamte Thematik ein.

Zweck:

Die Disziplin **Anforderungen** erfüllt mehrere Aufgaben innerhalb der Entwicklung. Die Anforderungen ...

- sind eine Vereinbarung der Stakeholder über das, was das System leisten soll.
- sind Basis für das Verständnis und die Entwicklung des Systems.

- definieren die Grenzen – und den Umfang – des Systems.
- sind Basis für die technische und betriebswirtschaftliche Planung des Systems.

Input-Arbeitsergebnisse:

Die Arbeitsergebnisse aus der Geschäftsprozessmodellierung können als Basis für die Anforderungen dienen, wenn diese Disziplin zum Einsatz kam.

Aktivitäten auf oberster Ebene:

Wichtig für das Anforderungsmanagement ist das Beherrschen folgender Aktivitäten auf oberster Ebene der Disziplin Anforderungsmanagement:

- *Problem analysieren*: Die Problemanalyse dient dem Verständnis des Problems. Es geht darum, das ‚Problem hinter dem Problem' zu finden und ein gemeinsames Verständnis über das echte Problem und die involvierten Stakeholder zu erreichen.
- *Stakeholder-Bedürfnisse verstehen*: Anforderungen kommen aus vielen Quellen, wie z.B. von den Entwicklern, der Geschäftsleitung und den Endbenutzern. Diese verschiedenen Individuen sind die Stakeholder des Projekts. Beim Verstehen der Needs (Bedürfnisse) der Stakeholder geht es darum, zu ermitteln, wer die Stakeholder sind, wie diese zu erreichen sind und wie diesen die Informationen am besten entlockt werden können. Dazu können Techniken wie Interviews, Fragebögen, Konkurrenzanalyse und Brainstorming gehören.
- *System definieren*: Das Umsetzen der Stakeholder Needs in eine aussagekräftige Beschreibung des Systems. Dabei werden Entscheidungen über Format, Formalität und Detaillierungsgrad der Anforderungen getroffen.
- *Umfang des Systems verwalten*: Hier ist das Ziel, die Anforderungen zu priorisieren, für jede Iteration die Anforderungen auszuwählen, die implementiert werden sollen und schließlich festzulegen, was zum System gehört und was nicht. Auch das Vermeiden von ‚Ostereiern' ist hierzu zu rechnen, das sind Features, die die Entwickler interessant finden und ungefragt in das System einbauen.
- *Systemdefinition präzisieren*: Nachdem das System definiert ist, geht es hier darum, die Anforderungen so zu formulieren und zu detaillieren, dass sie in der Entwicklung umsetzbar sind und von

den Vertragspartnern abgenommen werden. Gerade nicht funktionale Anforderungen sind manchmal schwer zu implementieren, aber trotzdem einfach zu beschreiben. Hierher gehören auch Überlegungen zum Test des Systems.

- *Anforderungsänderungen verwalten*: Egal wie sorgsam man bei der Systemdefinition vorgegangen ist: Anforderungen werden sich ändern, neue werden dazukommen. Beim Managen der sich ändernden Anforderungen werden die Auswirkungen von Änderungswünschen bewertet, indem man die Anforderungen zueinander in Beziehung stellt (mit sogenannten Traceability-Links). Zusätzlich wird für diesen Schritt ein Änderungswesen für die Anforderungen eingeführt, das heißt, dass die Anforderungsänderungen kontrolliert übernommen werden.

Die Aufgaben in der Anforderungsmanagement-Disziplin erstrecken sich zum Teil über mehrere dieser Aktivitäten, weshalb eine eindeutige Zuordnung, welche Aufgabe in welcher Aktivität verwendet wird, nicht möglich ist.

Aufgaben:

Das Gros der Aufgaben liegt in der Verantwortung des Systemanalytikers, der im Anforderungsmanagement die zentrale Rolle spielt.

- *Anforderungsmanagementplan entwickeln*: Der Plan beschreibt, wie Anforderungen dokumentiert werden, ihre Attribute und deren Bedeutung (z. B. das Attribut ‚Status' und was es bedeutet, wenn es den Wert ‚akzeptiert' hat). Er enthält Richtlinien über die Beziehungen zwischen Anforderungen (Traceability) und das Verwalten der Änderungen.
- *Vision entwickeln*: Einigkeit über die zu lösenden Probleme finden, Identifizieren der Stakeholder und der wichtigsten Features des Systems.
- *Wünsche der Stakeholder herausfinden*: Ermitteln, wer die Stakeholder im Projekt sind, und deren Wünsche systematisch erfassen.
- *Akteure und Use Cases suchen*: Hier wird die Funktionalität des Systems im Überblick beschrieben (durch die Use Cases), wer mit dem System interagiert (die Akteure), und es wird festgelegt, was im System enthalten sein soll und was nicht.
- *Use Cases ausführlich beschreiben*: Beschreiben des Ablaufes eines Use Case in Form des ‚Flow of events', so dass dieser für alle verständlich ist.

- *Prioritäten für Use Cases vergeben*: Festlegen, welche Use-Case-Szenarien in der aktuellen Iteration implementiert werden sollen in Abhängigkeit von der Architekturrelevanz der Szenarien. Dies ist Aufgabe des Architekten.
- *Supplementary Specification entwickeln*: Beschreiben aller Anforderungen, die keinem speziellen Use Case zugeordnet werden können. Dies sind vor allem nicht funktionale Anforderungen.

Output-Arbeitsergebnisse:

- *Stakeholder Requests*: Die Wünsche der Stakeholder können in vielen Formaten vorliegen, z.B. als Fragebögen, Interviews, in einer Datenbank oder als Ergebnis eines Brainstorming.
- *Vision*: Das Vision-Dokument beschreibt aus Sicht der Stakeholder das zu entwickelnde Produkt mit den wichtigsten Features.
- *Use Cases* und *Use Case Model*: Die Use Cases beschreiben die funktionalen Anforderungen in Form von Interaktionen mit dem System. Das Use Case Model ist die UML-Repräsentation der Use Cases in einem Modell zusammen mit der gesamten Dokumentation der Use Cases.
- *Supplementary Specification*: Hier werden die nicht funktionalen Anforderungen und zusätzliche funktionale Anforderungen beschrieben.
- *Storyboard*: Geplante Use-Case-Abläufe in Form von Text und Grafik.
- *Software Requirements Specification*: Die Use Cases bilden zusammen mit der Supplementary Specification die Software Requirements Specification (SRS), mit der die Anforderungen an das System komplett beschrieben sind.
- *Requirements Attributs*: Wichtige Eigenschaften von Anforderungen werden in Tabellen- oder Datenbank-Form hinterlegt.

Analysis & Design

Da sie den entscheidenden Übergang von den Anforderungen hin zum technischen Design der künftigen Applikation beschreibt, ist die Disziplin Analyse & Design von enormer Bedeutung. Es ist auch die Disziplin, bei der die visuelle Modellierung mit UML am intensivsten genutzt wird. Im Vordergrund steht hier das grafische Erarbeiten des Applikations-Designs aufgrund von Anforderungen, bevor die letzten Details codiert werden. In jüngerer Zeit gewinnt allerdings der **MDA®** (**Model Driven Architecture®**) Ansatz der OMG an Bedeutung, bei dem zwischen verschieden abstrakten Modellen transformiert wird, bis zu (fast) vollständigem Quellcode.

Diese Disziplin des RUP geht von einer objektorientierten Vorgehensweise aus und wäre im Gegensatz zu anderen Disziplinen für eine strukturierte Vorgehensweise stark anzupassen.

Aufgaben und Arbeitsergebnisse, die die Benutzeroberfläche betreffen, werden im Folgenden nicht beschrieben, da sie nicht auf alle Projekte zutreffen.

Zweck:

In Analyse & Design wird die Lücke zwischen fachlichen Anforderungen und technischer Plattform geschlossen. D. h., in grafischer Form wird Schritt für Schritt aufgezeigt, wie die Anforderungen auf einer bestimmten technischen Plattform erfüllt werden sollen. Die technische Plattform kann bereits in den Anforderungen festgelegt sein oder wird z. T. in dieser Disziplin erst entschieden.

Es werden im Wesentlichen zwei wichtige Ziele verfolgt: Überführen der Anforderungen in ein Design, das ebenfalls die technische Plattform berücksichtigt, und Erarbeiten einer stabilen Architektur, die gegenwärtige Anforderungen erfüllt und flexibel genug für wahrscheinliche künftige Anforderungen ist.

Dabei werden zwei Stufen unterschieden, die nicht unbedingt streng getrennt werden müssen. In der Analyse geht es darum, die Applikation immer noch unabhängig von der technischen Plattform zu gestalten. Dies ist unbedingt von der Anforderungsanalyse zu unterscheiden. Hier werden bereits fachliche Klassen der künftigen Applikation aufgrund von Anforderungen modelliert. In der zweiten Stufe, dem Design, werden dann alle nötigen Ergänzungen am Modell gemacht, die für die technische Plattform nötig sind. Das fertige Designmodell kann idealerweise in ein Codegerüst generiert werden, das die Grundlage für den späteren Quellcode darstellt.

Bei einem **MDA**-Ansatz können insbesondere das Design und die Architektur weitestgehend automatisiert werden, dafür ist eine Automatisierung immer nur für spezifische Plattformen und spezifische Zielarchitekturen geeignet.

Input-Arbeitsergebnisse:

Die wichtigsten Input-Arbeitsergebnisse kommen aus der Disziplin Requirements. Aber auch Arbeitsergebnisse aus dem Business Modeling können hier genutzt werden.

- *Design Guidelines* (Environment)
- *Software Requirements Specification:* Use-Case-Modell und ergänzende Anforderungsdokumente (Requirements)
- *Business Object Model* (Business Modeling)

Aufgaben:

Architekturelle Aufgaben:

- *Architekturmachbarkeitsstudie erstellen und bewerten*: Der Architekt erarbeitet in frühen Phasen eine Studie, die zur Ermittlung der Machbarkeit der geplanten Architektur dient. Er ist ebenfalls für die Auswertung und Bewertung dieser Studie zuständig.
- *Bestimmung und Organisation der wichtigsten Designelemente*: Erarbeiten der groben Applikationsstruktur aus Komponenten, Paketen und einzelnen Schlüsselklassen. Dazu gehört auch die Beschreibung der dynamischen Abläufe zwischen diesen Elementen.
- *Vorhandene Designelemente integrieren*: Identifizieren potenziell wiederverwendbarer Designelemente und Komponenten. Diese müssen anstelle geplanter Designelemente in die Applikation eingearbeitet werden. Hierbei geht es um die Wiederverwendung jeglicher Designelemente – wiederverwendbare Elemente innerhalb der Applikation, die noch entwickelt werden müssen, sowie existierende Elemente, die über Applikationsgrenzen hinaus wiederverwendet werden.
- *Designmechanismen identifizieren und beschreiben*: Aufzeigen und damit Vereinheitlichen von technischen Lösungen, die häufiger innerhalb eines Projekts benötigt werden. Ein typisches Beispiel für einen **Mechanismus** ist die Fehlerbehandlung, die einheitlich für die gesamte Applikation ablaufen soll.
- *Implementierungsmodell strukturieren*: Aufzeigen der Struktur von Implementierungskomponenten.
- *Laufzeitarchitektur beschreiben*: Auch die **parallele Verarbeitung** in Form von Prozessen oder Threads muss vom Architekten bestimmt und mithilfe der UML kommuniziert werden.
- *Verteilung beschreiben*: Der Architekt beschreibt die **Verteilung** der Applikation auf Rechnerknoten in einer verteilten Umgebung.

- *Identifizieren von Services*: In einer **serviceorientierten Architektur** werden die Services und deren gegenseitige Aufrufe identifiziert. Darüber hinaus erfolgt eine erste Beschreibung der Services.

Sonstige Aufgaben:

- *Use Case Analyse & Design*: Beschreibung, wie ein Use Case in Form von interagierenden Designelementen realisiert wird. Dabei werden Klassendiagramme und Interaktionsdiagramme genutzt.
- *Subsystemdesign*: Realisierung eines Subsystems in Form von interagierenden Designelementen. Auch hier werden Klassendiagramme und Interaktionsdiagramme eingesetzt.
- *Klassendesign*: Vollständige Beschreibung einer Klasse inklusive aller Attribute und Operationen. Dazu können auch weitere UML-Diagramme und Zustandsdiagramme genutzt werden.
- *Service Design*: Ausarbeitung des Designs von **Services** in Form von interagierenden Designelementen. Ebenso werden die Interaktionen zwischen Services beschrieben.
- *Datenbank Design*: Erarbeiten und Beschreiben des **Datenbankdesigns**, das zur Speicherung persistenter Objektinhalte nötig ist.

Output-Arbeitsergebnisse:

- *Software Architecture Document*: Übersicht aller architekturellen Entscheidungen inklusive der Gründe für diese Entscheidungen. Enthält verschiedene Sichten für die verschiedenen Stakeholder eines Projekts.
- *Design Model*: Vollständige Beschreibung des Applikations-Designs hauptsächlich in Form von UML-Diagrammen. Idealerweise kann das **Designmodell** automatisch in ein Codegerüst generiert werden, das Grundlage für den Quellcode in der Disziplin Implementation ist.
- *Servicemodell*: Beschreibt in Form eines angepassten UML-Modells die Struktur und Aufrufe einer serviceorientierten Architektur.
- *Data Model*: Beschreibung des logischen und physikalischen Datenbankdesigns, das zur Speicherung von Objektinhalten dient.

Implementation

Inhalt der **Implementation**-Disziplin ist das Implementieren der einzelnen Komponenten oder Services und die **Integration** sukzessive größerer Teilsysteme (Subsystem- und Systemintegration). Auch der Entwicklertest, das Bugfixing und Code Reviews gehören hierher.

Zweck:

Der Zweck der Implementierung ist es, ein lauffähiges System zu erhalten. Dazu gehören folgende Teilaspekte:

- die Organisation des Codes in Form von Subsystemen und Schichten festlegen,
- das Implementieren von Klassen und Objekten in Komponenten, also Sourcefiles, Executables, DLLs etc.,
- Testen der entwickelten Komponenten (Entwicklertest),
- Integration der Komponenten bis hin zum ausführbaren System.

Input-Arbeitsergebnisse:

Basis für die Implementierung sind in der Hauptsache die Arbeitsergebnisse aus den Disziplinen Analyse & Design und Test (natürlich auch Anforderungen). Im Wesentlichen sind dies Design- und Testklassen. Basis für kontrollierte Bugfixes sind Change Requests, die im Rahmen der Disziplin Configuration & Change Management entstehen.

Aufgaben:

Softwarearchitekt

- *Implementierungsmodell strukturieren*: Die Aufgabe des Architekten ist es, Vorgaben zu machen, wo Sourcen, Executables etc. in der Implementierung angelegt werden sollen. Eine solche Vorgabe ist besonders dann sinnvoll, wenn nicht durch die Programmiersprache bereits vorgegeben ist, wie Klassen und Pakete im Dateisystem abgelegt werden sollen. Des Weiteren legt der Architekt die Struktur der physikalischen Softwarekomponenten fest.

Implementierer

- *Designelemente implementieren*: Auch wenn viele Dinge im Designmodell festgelegt sind – sofern eines vorhanden ist –, so bleiben bei der Implementierung genügend Aufgaben übrig: Auswahl von

Algorithmen und Datenstrukturen, Implementierung von Statusmaschinen, Attributen und Assoziationen, das Ganze im Einklang mit den Programmierrichtlinien.

- *Entwicklertest implementieren*: Zum isolierten Testen einer Komponente in der Entwicklung benötigt man weitere Komponenten, zum einen Stubs, die unfertige Komponenten ersetzen bzw. ‚vorspielen', zum anderen Komponenten, die den eigentlichen Test automatisieren und wiederholbar durchführen. Basis dafür sind – wenn vorhanden – entsprechende Testklassen (aus dem Design) und Testcases.
- *Entwicklertests durchführen*: Auch der eigentliche Test der Komponente ist Aufgabe des Implementierers, das, was man üblicherweise als Entwicklertest kennt.
- *Laufzeitverhalten analysieren*: Das Verhalten des Codes zur Laufzeit wird im Allgemeinen nach drei verschiedenen Aspekten analysiert, um bereits zur Entwicklungszeit typische Laufzeitprobleme zu entdecken. Dies sind Hauptspeichernutzung, Zeitverhalten (Performance) und welche Codeteile durchlaufen wurden.

Integrator

- *(Sub-)Systemintegration planen*: Bei der Integration des Systems bzw. Subsystems, die ja in jeder Iteration gemacht werden muss, muss zunächst der Build definiert werden, also das, was zum (Sub-)System gehört und wie es zusammengebaut wird. Noch nicht entwickelte Komponenten müssen gegebenenfalls durch Stubs ersetzt werden.
- *(Sub-)System integrieren*: Bei der eigentlichen Integration wird das System ‚zusammengebaut' (Build). Je nachdem, wie erfolgreich Tests auf der (Sub-)Systemebene laufen, gibt der Integrator eine neue interne Version frei.

Technischer Prüfer

- *Code prüfen*: Beim Code-Review wird Sourcecode von einer bis mehreren Personen, die diesen Code nicht selbst entwickelt haben, unter verschiedenen Aspekten untersucht, z. B.: Werden die Programmierrichtlinien eingehalten? Sind die Kommentare up to date? Sind Namensgebung und Struktur verständlich?

Output-Arbeitsergebnisse:

- *Component und Implementation Subsystem*: Die Komponenten und Teilsysteme, aus denen das eigentliche System aufgebaut ist.
- *Implementation Model*: Ergebnis der Aufgabe ‚Strukturieren des Implementationsmodells'.
- *Integration Build Plan*: Ergebnis der Aufgabe ‚Planen der (Teil-)System-Integration'.
- *Build*: Ergebnis der Aufgabe ‚Integration des (Teil-)Systems'.

Test

Die Test-Disziplin ist ein wesentlicher Teil der Qualitätssicherung, da hier die ausführbare Software auf Erfüllung der Anforderungen geprüft wird.

Gängige Untersuchungen ergeben für den Test zwischen 30% und 50% des Gesamtaufwandes. Dennoch wirkt die fertige Software für den Benutzer meist wie ungetestet. „Ich fühle mich wie der Beta-Tester" ist eine viel gebrauchte Klage der Anwender. Die Gründe sind in der Komplexität der möglichen Testabläufe zu suchen – ein vollständiger Test aller möglichen Softwareabläufe wird als unmöglich angesehen –, aber auch in fehlender Methodik und Automatisierung.

Das Testen profitiert besonders von der iterativen Vorgehensweise. Die Testergebnisse können in den Entwicklungsprozess eingehen, ehe es zu spät ist, und die Tests fallen nicht dem Zeitverzug gegenüber dem Projektplan, bei dem am Ende des Projekts kaum Zeit für Tests übrig bleibt, zum Opfer.

Zweck:

Das Ziel der Test-Disziplin ist im Unterschied zu allen anderen Disziplinen das **Aufdecken von Fehlern** und Problemen und nicht das Verhindern oder Lösen solcher. D. h., diese Disziplin lebt von negativen Annahmen wie „wann könnte das System falsche Ergebnisse liefern" oder „unter welchen Umständen wäre ein Systemabsturz denkbar". Wichtigste Aufgabe ist es, die ausführbare Software auf Erfüllung der in Requirements ermittelten Anforderungen zu prüfen und damit diese zu beweisen. Daher richten sich die Dimensionen des Tests auch nach den Anforderungstypen, die im RUP nach FURPS+ abgekürzt sind. Die gängigsten davon sind wiederum Tests der Funktionalität, Performanz und Stabilität.

Input-Arbeitsergebnisse:

Die wichtigsten Input-Arbeitsergebnisse kommen aus der Requirements-Disziplin, da hier beschrieben wird, was zu testen ist. Eine wesentliche Rolle spielt dabei, dass Anforderungen so formuliert werden, dass sie auch klar **testbar** sind. Anforderungen wie „Die Applikation muss schnelle Antwortzeiten aufweisen" sind eindeutig nicht testbar. Vielmehr bedarf es klarer Maße für die Antwortzeit. Die Input-Arbeitsergebnisse im Einzelnen:

- *Test Guidelines* (Environment)
- *Software Requirements Specification*: Use-Case-Modell und ergänzende Anforderungsdokumente (Requirements)
- *Storyboard*: Geplante Use-Case-Abläufe (Requirements)
- *Software Architecture Document* (Analysis & Design)
- *Design Model* (Analysis & Design)
- *Servicemodell* (Analysis & Design)
- *Data Model* (Analysis & Design)
- *Build*: Release ausführbarer Software (Implementation)

Aufgaben:

Aufgrund der großen Anzahl von Testaufgaben werden diese im Folgenden in Aufgabenbereiche nach Rollen zusammengefasst.

- *Testleitung*: Identifizieren, welche speziellen Anforderungen in einer Iteration mit den gegebenen Ressourcen getestet werden sollen, inklusive der Ziele und Liefergegenstände, die für die Tests von Bedeutung sind. Festlegen und Kommunizieren der Anforderungen an die Testbarkeit. Allgemeine Identifizierung von Qualitätslücken und Planung von Gegenmaßnahmen, um diese zu schließen. Bewertung und Verbesserungsvorschläge zum Testprozess und zur Testautomatisierung.
- *Testanalyse*: Analyse, welchen Qualitätsanforderungen die Tests genügen müssen und wie dies sichergestellt werden kann. Bestimmen, welche Software- und Hardwareelemente getestet werden sollen. Ermitteln und detaillierte Beschreiben von möglichen **Testideen** inklusive der Bewertungskriterien. Bewerten der einzelnen Tests und Vorschläge für Gegenmaßnahmen zu entdeckten Problemen.
- *Testdesign*: Beschreibung der konkreten Testtechniken und der benötigten Hard- und Softwareumgebungen. Ermitteln der benötigten Testelemente (z.B. Schnittstellen, Prozesse) und deren Bezie-

hung mit Testmechanismen, z. B. Verteilung über mehrere Server. Organisation und Strukturierung der Tests in sogenannten Test-Suites für bestimmte Testziele. Bestimmen der konkreten Testrichtlinien.

- *Testdurchführung*: Implementierung des Tests. Dies kann ein manuelles Testskript sein, eine implementierte oder generierte Software zum Testen oder ein aufgezeichneter oder generierter **Testablauf**. Zusammenfassen einzelner Testabläufe zu **Testsuiten** und Ausführen dieser Testsuiten. Auswerten der Testabläufe (Test Logs) und Herausfiltern von Problemen, die nicht wirklich korrigiert werden müssen.

Output-Arbeitsergebnisse:

- *Test Evaluation Summary*: Zusammenfassung und Bewertung der Testergebnisse. Vorschläge zur Verbesserung der Testmethodik.
- *Test Results*: Gesammelte Ergebnisse der verschiedenen durchgeführten Tests.

Deployment

Die **Deployment**-Disziplin (‚deploy': verteilen) sorgt für eine reibungslose Auslieferung des Produkts. In der Disziplin werden drei Arten der **Auslieferung** angesprochen: Die kundenspezifische Installation, die Auslieferung als Standardprodukt und der Zugang zum Produkt über das Internet. Wegen entstehender Produktions- bzw. Verteilungskosten ist mit den Aufgaben in dieser Disziplin eine hohe Verantwortung verbunden. Diese Disziplin stellt zugleich den Übergang in den operativen Betrieb dar.

Zweck:

Ziel ist die Verfügbarkeit und Benutzbarkeit des Produkts für seine Nutzer. Die Betonung liegt auf dem Test vor der Auslieferung, dem Beta-Test, und dem eigentlichen Produkt-Release. Auch wenn die Aufgaben der Deployment-Disziplin ihren Höhepunkt in der Transition-Phase erreichen, gibt es einige Aufgaben zur Planung und Vorbereitung, die vorher durchgeführt werden sollen.

Input-Arbeitsergebnisse:

Es ist nahe liegend, dass beim Deployment – das am Ende des Entwicklungszyklus steht – einige Input-Arbeitsergebnisse aus anderen Disziplinen vorhanden sind. Die wichtigsten sind:

- *Build*: das eigentliche System
- *Software Requirements Specification*: Die Anforderungen als Basis für Schulungsmaterial
- *Software Development Plan, Iteration Plan, Deployment Plan*: Basis für die Planung des Deployment

Aufgaben:

Deploymentmanager

- *Deployment-Plan entwickeln*: Dieser Plan beschreibt, wie und auf welchem Medium die auslieferungsfähige Software zusammengestellt werden soll und wie sie verteilt und installiert werden soll. Auch Fragen der Datenmigration aus Vorgängersystemen werden hier angesprochen.
- *Beta-Test managen*: Der Beta-Test ist ein Test vor der Freigabe durch ausgewählte zukünftige Nutzer des Produkts. Das Managen der Tests umfasst die Auswahl der Beta-Tester, das Ausliefern der Beta-Version, das Sammeln der Ergebnisse samt zugehöriger Änderungsanträge und das Feedback an die Beta-Tester.
- *Akzeptanztest managen*: Der Akzeptanztest regelt die formale Abnahme des Produkts. Dazu muss sichergestellt sein, dass das Produkt die nötige Reife hat. Schließlich wird die Ausführung des Akzeptanztests durch den Tester veranlasst und das Ergebnis ausgewertet.
- *Lieferliste definieren*: Die Lieferliste (Bill of Materials oder auch kurz BoM) ist eine komplette Liste aller Liefergegenstände, die in der Auslieferung enthalten sind (Installations-CD, Benutzerhandbuch, Release Notes etc.).
- *Fertigungsfreigabe erteilen*: Die Massenproduktion des Produkts ist erwünscht. Dazu müssen die entsprechenden Liefergegenstände gemäß der Lieferliste zusammengestellt und an den Fertiger übergeben werden.
- *Zugriff auf Downloadsite ermöglichen*: Alle Schritte, die nötig sind, um das Produkt über das Internet zur Verfügung zu stellen.
- *Gefertigtes Produkt verifizieren*: Vor der Auslieferung muss sichergestellt werden, dass das gefertigte Produkt komplett und benutzbar ist.

- *Release Notes schreiben*: Die Release Notes beschreiben neue Features, Änderungen und bekannte Fehler in der ausgelieferten Version.

Implementierer

- *Installations-Arbeitsergebnisse entwickeln*: Entwickeln der Software, die nötig ist, um das Produkt sicher und einfach zu installieren und zu deinstallieren. Dies kann über Skripte, ein Setup-Programm oder einfache Installationsanweisungen realisiert werden.

Kursentwickler, Technischer Autor

- *Unterstützungs- und Trainingsmaterial entwickeln*: Zum Benutzen des Produkts notwendige Schulungsunterlagen und Hilfefunktionen entwickeln.

Grafikdesigner

- *Bildmaterial für Produkte erstellen*: Zur entsprechenden Präsentation ist professionelles Bildmaterial z. B. auf der Verpackung oder im Internet nötig.

Output-Arbeitsergebnisse:

Zusätzlich zu den oben beschriebenen Arbeitsergebnissen (hier fast immer Liefergegenstände) sind folgende zu erwähnen:

- *Deployment Unit*: Teil der Auslieferung, die aus einem Build, Dokumenten und Installations-Arbeitsergebnissen besteht. Eine Deployment Unit ist für einen Knoten gedacht. Für eine Datenbank gibt es z. B. jeweils unterschiedliche Deployment Units für den Server und den Client.
- *Produkt*: Das Produkt kann aus mehreren Deployment Units bestehen und wird verpackt, als Download oder auf einem beliebigen Medium zur Verfügung gestellt.
- *Unterstützendes Material für Benutzer*: Weitere Beschreibungen und Hilfen, vor allem Schulungsmaterial und Releaseinformationen.

Configuration & Change Management

Bei der Disziplin **Konfigurations- und Änderungsmanagement** handelt es sich um eine **unterstützende Disziplin**, da sie die Daten- und Änderungsverwaltung für die anderen Disziplinen zur Verfügung stellt und jede Weiterentwicklung von Arbeitsergebnissen im Team steuert und synchronisiert. Sie verspricht einen schnell zu erreichenden und klar nachweisbaren ROI, zumal sie viele Probleme in der Softwareentwicklung unmittelbar und unabhängig von anderen Disziplinen bekämpft.

Zu den typischen Phänomenen, die durch Konfigurations- und Änderungsmanagement vermindert, häufig sogar eliminiert werden, gehören folgende:

- Konkurrierendes Ändern zweier Teammitglieder an einem Arbeitsergebnis, wobei eine Änderung durch das Überschreiben des anderen Teammitglieds verloren geht.
- Mangelnde Benachrichtigung der restlichen Teammitglieder, wenn ein gemeinsam genutztes Arbeitsergebnis geändert wurde und diese Änderung Auswirkungen auf deren Arbeitsergebnisse hat.
- Wichtige Änderungen einzelner Arbeitsergebnisse gehen verloren, da aus Versehen ältere oder falsche Versionen der Arbeitsergebnisse wieder eingeführt wurden.
- Unnütze Änderungen werden willkürlich eingeführt und manchmal ist nicht einmal nachvollziehbar, wer sie eingeführt hat.

Diese Disziplin gewinnt durch iterative Vorgehensweise an Bedeutung, da in jeder Iteration ein eigener Satz von Arbeitsergebnissen erarbeitet wird, der versioniert werden muss und später rekonstruierbar sein sollte – hier spricht man von einer **Baseline**. Ohne ein definiertes Änderungsmanagement wird es auch schwierig sein, die Änderungen für jede Iteration zu bestimmen und zu kontrollieren.

Konfigurations- und Änderungsmanagement ist ohne Werkzeugunterstützung kaum vorstellbar. In sehr kleinen Teams bis zu fünf Mitarbeitern könnte dennoch durch formale Regeln zur Versionierung im Dateinamen, des Ablageortes und der Synchronisierung im Team ein manuelles Konfigurations- und Änderungsmanagement durchgeführt werden. Da minimale Werkzeugunterstützung in Form von kostenlosen

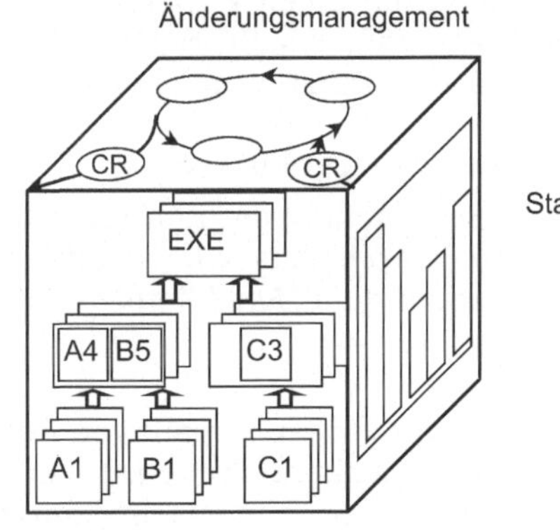

Quelle: Kruchten, 2000, Seite 212

Open-Source-Produkten verfügbar ist oder kommerzielle Konfigurationsmanagement-Produkte manchmal in einem Paket mit anderen Werkzeugen verkauft werden, ist dies in der Praxis eher hypothetisch.

Zweck:

Im weitesten Sinne geht es bei Konfigurations- und Änderungsmanagement um das Verwalten der **Arbeitsergebnisse** im **Team** und die Kontrolle von **Änderungen** an den Arbeitsergebnissen. Normalerweise werden diese Arbeitsergebnisse in Form von Dateien eines Dateisystems verwaltet.

Wie der Name andeutet, teilt sich die Disziplin in zwei Bereiche auf, die eng zusammenarbeiten und verknüpft sind:

Konfigurationsmanagement: Stellt ein Projekt Repository für versionierte Arbeitsergebnisse und Konfigurationen der Builds zur Verfügung. Arbeitet mit privaten Workspaces, in denen unabhängig von anderen Teammitgliedern gearbeitet werden kann. Erlaubt optimale Teamarbeit, da Änderungen gezielt an das Projekt Repository und damit an andere Projektmitglieder übergeben werden können. Ermöglicht darüber hinaus einfachen und gesicherten Wechsel zwischen einzelnen Versionen von Arbeitsergebnissen oder ganzen Builds.

Änderungsmanagement: Definiert den Arbeitsablauf, den eine Änderung vom Vorschlag bis zum getesteten ausführbaren Ergebnis durchlaufen muss. Verhindert unkontrollierte Änderungen und ermöglicht damit eine Optimierung der Projektressourcen und zuverlässige Planung. Erlaubt Nachvollziehbarkeit, wer welche Änderung aus welchem Grund wann eingebracht hat.

Input-Arbeitsergebnisse:

Für die Bestimmung der Konfiguration sind von Bedeutung:

- *Software Architecture Document* (Analysis & Design)
- *Implementation Model* (Implementation)

Aufgaben:

Aufgrund der großen Anzahl von Aufgaben werden diese im Folgenden in Aufgabenbereiche zusammengefasst.

- *Konfigurationsmanagement*: Einrichten der Konfigurationsmanagement-Umgebung. Festlegen der Regeln und des Ablaufes im Konfigurationsmanagement. Zusammenstellen von Auslieferungseinheiten, dies sind dokumentierte Softwareeinheiten, die verteilt und installiert werden können, auf dem Auslieferungsmedium. Erstellen und Kommunizieren von Statusinformationen zum Konfigurations- und Änderungsmanagement. Prüfen, ob eine Baseline alle geforderten Anforderungen vollständig erfüllt.

- *Änderungsmanagement*: Festlegen des Änderungsprozesses, das heißt auch des Workflows, den eine Änderung durchlaufen muss. Prüfung der Änderungsvorschläge und Bestätigung oder Ablehnung. Kontrolle des Status einzelner Änderungen.
- *Integration*: In einem extra angelegten privaten **Workspace** (Integration Workspace) werden die Arbeitsergebnisse für eine **Baseline** der Software bestimmt. Diese Baseline wird anschließend mit ergänzender Dokumentation zur Nutzung durch alle anderen Teammitglieder veröffentlicht.
- *Aufgaben für alle Rollen*: Anlegen eines privaten Workspaces (Development Workspace). Durchführen nötiger Änderungen an den Arbeitsergebnissen. Veröffentlichung fertiger Änderungen. Aktualisieren des privaten Workspaces aus den veröffentlichten Änderungen des Teams. Einbringen eines Änderungsvorschlags. Änderungen an einem Änderungsvorschlag vornehmen.
- *Testanalyse*: Testläufe auf ein oder mehreren Builds, um durchgeführte Änderungen zu verifizieren.

Output-Arbeitsergebnisse:

Wichtig für die Verwaltung sind folgende Arbeitsergebnisse des Konfigurations- und Änderungsmanagements.

- *Workspace*: Bereich im Dateisystem, in dem Arbeitsergebnisse in Form von Dateien geändert werden können, ohne dass der Rest des Teams davon betroffen ist.
- *Project Repository*: Zentrale Ablage der versionierten Arbeitsergebnisse.
- *Configuration Audit Findings*: Bericht, wie vollständig eine Baseline gegenüber der Planung ist und wie vollständig und mit welchen Ergebnissen die Software getestet wurde.
- *Änderungsanfrage*: Eine Anfrage zur Änderung von Arbeitsergebnissen – Bugfix, neue oder geänderte Funktionalität.

Project Management

Als planende und steuernde Disziplin ist das **Projektmanagement** von zentraler Bedeutung für alle anderen Disziplinen und für die Prozessausführung als Gesamtes. Es gehört zu den unterstützenden Disziplinen, wie Configuration & Change Management, und arbeitet mit anderen Disziplinen eng zusammen.

Besonders erwähnenswert ist hier die Disziplin Requirements, da die ermittelten Anforderungen eine wichtige Grundlage für die Planung und die Aufwandsabschätzung im Projektmanagement darstellen. Ebenso spielen architekturelle Entscheidungen aus der Disziplin Analysis & Design eine große Rolle für das Projektmanagement. Viele dieser Entscheidungen, wie die Einteilung in Komponenten, sind ebenfalls Planungsgrundlage für das Projektmanagement. Daher werden Projektmanager und -Architekt als steuernde und führende Rollen im Projekt eng zusammenarbeiten, jeder aus seiner Perspektive und seinem speziellen Fachwissen. Eng verzahnt mit Projektmanagement ist auch das Änderungsmanagement aus Configuration & Change Management. Jede Änderung hat schließlich Auswirkung auf die Planung und Projektziele wie Funktionalität, Kosten, Zeit und Qualität. Weiter erwähnenswert ist die Environment-Disziplin, da insbesondere die Anpassung des Prozesses mit dem Projektmanagement zusammen erarbeitet werden muss.

Die Schwierigkeit im Projektmanagement besteht darin, scheinbar konkurrierende Ziele und Interessen verschiedener Stakeholder in Einklang zu bringen und Kompromisse zu finden. Zu den Schwierigkeiten gehört ebenso, mit Unsicherheit und **Risiken** zu leben und diese so schnell wie möglich zu identifizieren und zu eliminieren. Mehr zu dem Thema ist im Kapitel „Projektmanagement / Iterative Planung“ zu finden.

Zweck:

Die primären Ziele der Projektmanagement-Disziplin unterscheiden sich nicht von denen anderer, klassischer Softwareprojekte. Es geht darum, unter vorgegebenen oder zu verhandelnden Bedingungen wie Maximalkosten, spätester Auslieferungszeitpunkt und Geschäftsziel das Projekt bezüglich Zeitverlauf, Ressourcen-Ausstattung und gelieferter Funktionalität zu planen, die Einhaltung der Planung zu prüfen und gegebenenfalls gegenzusteuern.

Eine besondere Rolle spielt dabei im RUP aber das **Risikomanagement**. Eines der wichtigsten Instrumente des Projektmanagers ist eine aktuelle und bewertete Liste der identifizierten Projektrisiken. Dies ist von entscheidender Bedeutung, um möglichst schnell mehr Planungssicherheit und Vorhersagbarkeit zu gewinnen.

Input-Arbeitsergebnisse:

Im Projektmanagement werden sehr viele Arbeitsergebnisse bezüglich ihres Status geprüft. An dieser Stelle werden lediglich die wichtigsten aufgeführt.

- *Development Process* (Environment)
- *Development Infrastructure* (Environment)
- *Software Requirements Specification*: insbesondere das Use-Case-Modell (Requirements)
- *Software Architecture Document* (Analysis & Design)
- *Test Evaluation Summary* (Test)
- *Change Request* (Configuration & Change Management)
- *Configuration Audit Findings* (Configuration & Change Management)

Aufgaben:

Das Projektmanagement beinhaltet viele einzelne Aufgaben, die bereits in Aufgabenbereiche zusammengefasst sind. Daher werden hier nur die Aufgabenbereiche als Ganzes beschrieben.

- *Projektstart*: Festlegung der ökonomischen Randbedingungen und Ziele des Projekts. Planung der Mitarbeiterressourcen für die Projektplanungsphase (häufig identisch mit der Inception-Phase) und Definition objektiv prüfbarer Kriterien für den Projekterfolg. Erstellen und ständiges Aktualisieren der Risk List inklusive Strategien, welche bezüglich der Risiken angewendet werden.
- *Entwicklungsplanung*: Aufstellen einer Kosten-Nutzen-Analyse. Projekt einleiten, das heißt unter anderem Projektleiter und Projektteam zuordnen. Schreiben und Zusammenstellen des Software Development Plans. Planung der Phasen und Iterationen. Planung der Projektorganisation und Verteilung der Ressourcen auf die Phasen und Iterationen. Definition und Kontrolle der Indikatoren und Prozeduren zur Kontrolle des Projektstatus.
- *Erstellung und Pflege weiterer Pläne*: Risk Management Plan, Problem Resolution Plan, Quality Assurance Plan, Measurement Plan, Product Acceptance Plan.

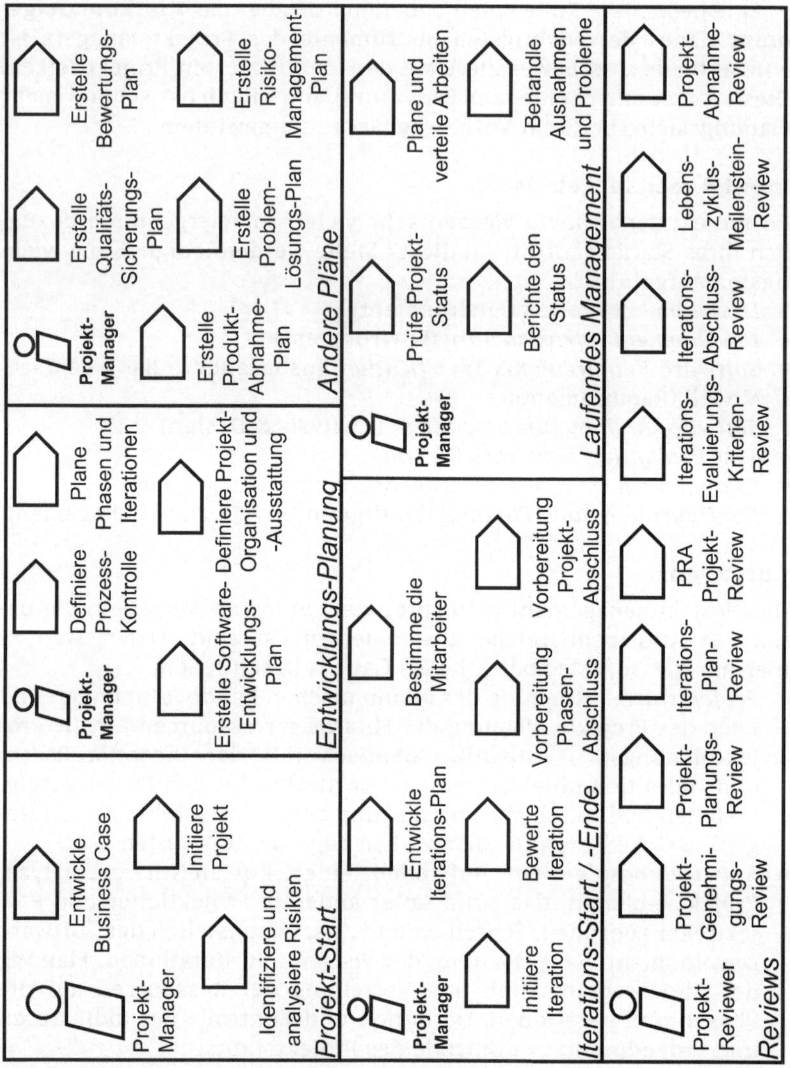

Projekt-Start

Projekt-Manager: Entwickle Business Case; Initiiere Projekt; Identifiziere und analysiere Risiken

Entwicklungs-Planung

Projekt-Manager: Definiere Prozess-Kontrolle; Plane Phasen und Iterationen; Erstelle Software-Entwicklungs-Plan; Definiere Projekt-Organisation und -Ausstattung

Andere Pläne

Projekt-Manager: Erstelle Qualitäts-Sicherungs-Plan; Erstelle Bewertungs-Plan; Erstelle Produkt-Abnahme-Plan; Erstelle Problem-Lösungs-Plan; Erstelle Risiko-Management-Plan

Iterations-Start / -Ende

Projekt-Manager: Entwickle Iterations-Plan; Bestimme die Mitarbeiter; Initiiere Iteration; Bewerte Iteration; Vorbereitung Phasen-Abschluss; Vorbereitung Projekt-Abschluss

Laufendes Management

Projekt-Manager: Prüfe Projekt-Status; Plane und verteile Arbeiten; Berichte den Status; Behandle Ausnahmen und Probleme

Reviews

Projekt-Reviewer: Projekt-Genehmigungs-Review; Projekt-Planungs-Review; Iterations-Plan-Review; PRA Projekt-Review; Iterations-Evaluierungs-Kriterien-Review; Iterations-Abschluss-Review; Lebens-zyklus-Meilenstein-Review; Projekt-Abnahme-Review

Aufgabenübersicht: Projektmanagement.
Quelle: RUP, 2002

- *Iterationsstart und -ende*: Entwicklung des Iteration Plan. Zuordnung der Mitarbeiter zu Rollen bzw. Arbeitsgruppen. Anforderung neuer Mitarbeiter. Zuordnung aller Ressourcen (auch maschinelle) zu einzelnen Arbeitseinheiten. Bewertung des Iterationserfolgs und Verbesserungsvorschläge für künftige Iterationen. Wenn das Iterationsende mit einem Phasenende oder gar dem Projektende zusammenfällt, dann müssen diese Phasen bzw. das Projekt ebenfalls bewertet und gegebenenfalls abgeschlossen werden. Eine besondere Rolle spielen am Ende eines Projektes auch die abschließenden Maßnahmen, wie z.B. die Freigabe von Ressourcen.
- *Routinearbeiten*: Prüfung des Projektstatus. Zeitliche Planung und Zuordnung von akzeptierten Änderungen zu Mitarbeitern. Risiken rechtzeitig erkennen, abschätzen und die Behandlung der Risiken bestimmen. Reporting von Projektstatus und eskalierenden Problemen, die nicht innerhalb des Projekts behoben werden können, an das höhere Management. Gegenmaßnahmen zu jeglichen Problemen und Ausnahmefällen im Projekt einleiten.
- *Reviews*: Durchführen verschiedenster Reviewtätigkeiten zu den Projektmanagement-Ergebnissen, aber auch z.B. ein Review zu den Lifecycle Milestones am Ende einer Phase. Für die Reviewtätigkeiten sind eigene verschiedene Rollen verantwortlich und müssen (oder sollten häufig) nicht vom Projektmanager in Person durchgeführt werden. Eine besonders wichtige Rolle in großen Projekten spielen dabei auch formale Projekt-Reviews durch Dritte zu bestimmten Meilensteinen

Output-Arbeitsergebnisse:

- *Software Development Plan*: Gesamter Projektplan mit vielen einzelnen Plänen, die darin enthalten oder referenziert sind. Die wichtigsten davon sind: *Iterationspläne, Requirements Management Plan, Configuration Management Plan, Quality Assurance Plan, Development Case, Guidelines* für diverse Tätigkeitsbereiche. Es empfiehlt sich, alle diese Dokumente und Informationen zum Projektmanagement an einer definierten zentralen Stelle zu verwalten.

Environment

Der Development Case, der im Rahmen dieser Disziplin vom Process Engineer erstellt wird, ist eins der wichtigsten Arbeitsergebnisse bei der Anpassung des RUP an ein konkretes Projekt. Die **Environ-**

ment-Disziplin hat im besten Sinne unterstützende Funktion, da hier ein Teil der Infrastruktur für das Projekt bereitgestellt wird.

Zweck:

Ziel der Environment-Disziplin ist es, eine Entwicklungsumgebung bestehend aus Tools und Prozessen zur Verfügung zu stellen und Richtlinien für verschiedene Bereiche aufzustellen. Weniger im Sinne von Vorschriften, sondern mehr im Sinne von Unterstützung stellen die Arbeitsergebnisse der Environment-Disziplin einen Leitfaden und Hilfestellung für das Projekt dar.

Input-Arbeitsergebnisse:

Die Environment-Disziplin ist weitgehend unabhängig von den operativen Disziplinen. Da außerdem hier Vorgaben für die eigentlichen Arbeiten am Projekt entwickelt werden, gibt es keine speziellen Input-Arbeitsergebnisse, bestenfalls aus den Disziplinen Requirements und Project Management.

Aufgaben:

Prozessentwickler (Process Engineer)
Die Anpassung des Prozesses ist Aufgabe des Prozessentwicklers, der daher in dieser Disziplin eine wichtige Rolle spielt und entsprechende Erfahrung in dieser Aufgabe haben sollte.

- *Entwicklungsprozess für das Projekt anpassen*: Hierzu gehört eine Analyse des Projektes und eine darauf spezifische Anpassung des Prozesses (RUP oder bereits für das Unternehmen angepasster Prozess). Unter Anpassen ist sowohl die Entwicklung neuen Inhalts als auch das Ändern oder Weglassen von Standardinhalt zu verstehen.
- *Development Case entwickeln*: Der **Development Case** beschreibt, welche Arbeitsergebnisse erstellt werden sollen und wann diese wie weit fertig sein sollen. Der Development Case stellt damit die konkrete Anpassung des RUP an das Projekt dar.
- *Projektspezifische Richtlinien und Vorlagen vorbereiten*: Die im RUP gelieferten Richtlinien und Vorlagen (Templates) werden für die im Development Case ausgewählten Arbeitsergebnisse projektspezifisch angepasst.
- *Entwicklungsprozess starten*: Das Schreiben des Development Case nutzt wenig, wenn keiner ihn kennt. Der Development Case – und die entsprechenden Vorlagen – müssen veröffentlicht werden. Die Projektteilnehmer müssen darin geschult werden, z. B. durch Semi-

nare, Workshops oder eigens entwickelte Kurse. Feedback aus dem laufenden Projekt sollte in den Prozess eingearbeitet werden – der Prozess unterliegt ständiger Verbesserung.

Toolspezialist

- *Tools auswählen und anschaffen*: Die Anschaffung von Tools hängt vom Bedarf, den Kosten und dem Budget ab. Nach einem Vergleich – anhand von Kriterienkatalogen – und/oder einer Evaluierung steht die Entscheidung über die Anschaffung an, die der Toolspezialist in Wesentlichem unterstützt oder gar selbst treffen darf. Manchmal muss der Toolspezialist die Tools auch selbst entwickeln.
- *Tools einrichten und verifizieren*: Je nach Tool muss eine Server- und Clientinstallation vorgenommen werden. Normalerweise ist es sinnvoll, eine projektspezifische Vorlage zum Arbeiten mit dem Tool zu erstellen. Vor Projektstart müssen die Installationen und Konfigurationen noch einmal auf ihre Eignung für das Projekt geprüft werden.
- *Toolrichtlinien entwickeln*: Wichtige Entscheidungen und Empfehlungen im Umgang mit dem Tool werden hier beschrieben, z. B. welche Compiler-Optionen verwendet werden sollen.

Diverse

- *Richtlinien vorbereiten*: Für eine Vielzahl von Aufgaben müssen Richtlinien bereitgestellt werden, die als Richtschnur im Projekt verwendet werden, wie z. B. Programmierrichtlinien, Use-Case-Modellierungs-Richtlinien etc. Der Prozessadministrator als verantwortliche Rolle wird hierbei durch die entsprechenden kompetenten Rollen unterstützt.

Systemadministrator

- *Entwicklung unterstützen*: Unterstützung der Entwicklung im laufenden Betrieb mit Hardware, Software, System-Administration, Backup etc.

Output-Arbeitsergebnisse:

- *Entwicklungsinfrastruktur.*
- *Entwicklungsprozess mit Development Case, projektspezifischen Guidelines und Templates* für: Tools, Geschäftsprozessmodellierung, Design, Programmierung, Use-Case-Modellierung, User-Interfaces, Test.

Praktischer Einsatz

Process Essentials

Die Process Essentials stellen die wichtigsten Dinge dar, an die man sich beim Anwenden des Prozesses halten sollte. Ausgangspunkt dabei ist, die wichtigsten Dinge in den Vordergrund zu stellen und sich, erst wenn diese geklärt sind, weniger wichtigen Themen anzunehmen. Die Process Essentials sind eine Antwort auf die Frage, welchen Bedingungen ein Prozess genügen muss, um RUP-konform zu sein. Die Idee der Process Essentials inspirierte mittlerweile Ivar Jacobson und einige seiner Mitarbeiter von Ivar Jacobson Consulting zu einer neuen Prozessvariante, genannt **Essential Unified Process** oder **EssUP**, in der die Process Essentials und deren (möglichst unformale) Umsetzung im Vordergrund stehen [Ivar Jacobson Consulting].

Die folgende Sammlung von RUP Essentials wurde zum ersten Mal von Leslee Probasco veröffentlicht [The Rational Edge, Dez. 2000] und dann in geänderter Form in den RUP selbst übernommen. Leslee Probasco war leitende Mitarbeiterin des RUP-Teams bei Rational Software. Das Kapitel gibt die Version aus dem RUP wieder. In einigen dieser Essentials findet sich eine Liste von Tätigkeiten, die die Essenz einer Disziplin wiedergeben: Dabei handelt es sich in der Regel um die wichtigsten Aufgaben der jeweiligen Disziplin. Die Essentials geben damit die wichtigsten Inhalte der verschiedenen Disziplinen in komprimierter Form wieder.

Vision: Eine Vision entwickeln

Eine klare Vision ist der Schlüssel zur Entwicklung eines Produkts, das den wirklichen Kundenbedürfnissen gerecht wird. Die Vision stellt die ‚Essenz' der Requirements-Disziplin dar: Analysieren des Problems, Verstehen der Bedürfnisse der unterschiedlichen Stakeholder, Definieren des Systems und Managen der sich ändernden Anforderungen. Die Vision beschreibt die Projektanforderungen und Designvorgaben im Überblick, um dem Leser ein generelles Verständnis für das System zu geben. Die Vision gehört zu den Arbeitsergebnissen, die verwendet werden, um das Projekt zu genehmigen, und ist daher eng mit dem Business Case verbunden. Weil die Vision schließlich das ‚Was und Warum' des Projekts klärt, gilt sie als Prüfstein für zukünftige Entscheidungen.

Die Vision sollte auf die folgenden Fragen Antwort geben:
- Was sind die Schüsselbegriffe (Glossar)?
- Welche Probleme sollen gelöst werden (Problem Statement)?
- Wer sind die Stakeholder, wer sind die Benutzer? Was sind ihre Bedürfnisse?
- Welche Key-Features hat das Produkt?
- Was sind die funktionalen Anforderungen (Use Cases)?
- Was sind die wichtigsten nicht funktionalen Anforderungen?
- Welche Designvorgaben gibt es?

Die Antworten auf diese Fragen sollten im Vision Document, im Glossar sowie in einem initialen Use-Case-Modell stehen.

Plan: Nach Plan managen

Der Softwareentwicklungsplan (**Software Development Plan**) umfasst alle Informationen, die zum Managen des Projekts notwendig sind, gegebenenfalls mit Verweisen auf andere Dokumente. Der Softwareentwicklungsplan beinhaltet Projektpläne (Projektplan für das Gesamtprojekt und Iterationspläne) für Projektorganisation, Zeitplan und Budget, Planung der personellen und technischen Ressourcen und wird zur Projektverfolgung verwendet. Er umfasst auch die Pläne aus Bereichen außerhalb des eigentlichen Projektmanagements, die jedoch zum Projektmanagement gebraucht werden und in separaten Dokumenten enthalten sein können: Requirements Management Plan, Configuration Management Plan, Test Plan etc.

In kleinen Projekten kann ein solcher Plan aus ein bis zwei Sätzen bestehen. Der Configuration Management Plan könnte dann so aussehen: „Jeden Tag wird abends das Projektverzeichnis auf ein Backup-Band geschrieben. Dieses Band wird datiert, erhält eine Versionsnummer und wird an einem sicheren Ort verwahrt."

Der Umfang des Softwareentwicklungsplans zusammen mit den Plänen, die dort referenziert werden, mag zunächst abschrecken. Wichtig ist jedoch nicht Format oder Umfang der Pläne, sondern die Tätigkeit des Planens selbst, wobei die einzelnen Arbeitsergebnisse lediglich das Ergebnis der Planung darstellen.

Zusammen mit anderen Essentials stellt ‚nach Plan managen' das Wesentliche der Projektmanagement-Disziplin im RUP dar, die Folgendes beinhaltet: Das Projekt aufsetzen, Risiko und Umfang bewerten, das Projekt verfolgen und kontrollieren, Planen und Bewerten jeder Phase und Iteration.

Risiken: Risiken identifizieren und angehen

Eine entscheidende Regel im RUP ist es, Dinge mit hohem Risiko früh zu identifizieren und anzugehen. Zu jedem Risiko, das vom Projektteam erkannt wird, sollte es einen Plan zur Bewältigung geben. Die Risikoliste sollte als Mittel zu Planung von Projektaktivitäten und bei der Iterationsplanung verwendet und laufend überarbeitet werden.

Business Case: Den Geschäftsfall prüfen

Der Business Case (im deutschen RUP auch Kosten-Nutzen-Analyse genannt) liefert die nötigen Informationen, ob das Projekt vom geschäftlichen Standpunkt die Investition wert ist.

Zweck des Business Case ist es in der Hauptsache, einen wirtschaftlichen Plan für die Umsetzung der Vision des Projekts aufzustellen. Einmal entwickelt wird der Business Case verwendet, um eine Abschätzung des ‚Return on Investment' (ROI) zu machen. Er rechtfertigt das Projekt aus wirtschaftlicher Sicht und setzt die ökonomischen Rahmenbedingungen. Er liefert den Entscheidungsträgern Informationen zum Wert des Projekts und wird verwendet, um zu entscheiden, ob das Projekt überhaupt durchgeführt werden soll oder nicht.

Die Beschreibung sollte nicht tief in die Technik gehen, sondern ein überzeugendes Argument für die Notwendigkeit des Projekts liefern. Der Business Case sollte daher so einfach sein, dass er von allen Mitgliedern des Projektteams verstanden wird. An den kritischen Meilensteinen wird der Business Case erneut geprüft, um festzustellen, ob die Kosten sich noch im vorgegebenen Rahmen bewegen und mit dem Projekt weitergemacht werden soll.

Architektur: Eine Komponentenarchitektur entwerfen

Im RUP ist die Architektur eines Software-Systems definiert durch die Organisation bzw. die Struktur der signifikanten Komponenten des Systems und wie diese über Schnittstellen zusammenarbeiten. Dabei sind die Komponenten aus zunehmend kleineren Komponenten und Schnittstellen aufgebaut. Was jedoch sind die Komponenten? Wie arbeiten sie zusammen? Gibt es ein Framework, auf dem der Rest der Software aufgebaut ist?

Um über Architektur sprechen zu können, benötigt man zunächst eine Darstellung der Architektur, einen Weg, um die wichtigsten Aspekte der Architektur zu beschreiben. Diese Beschreibung findet sich im *Software Architecture Document*, das die Architektur in verschiedenen Sichten darstellt (siehe ‚Ein architekturzentrierter Prozess‘).

Jede dieser Sichten adressiert bestimmte Bereiche je nach Stakeholder: Endbenutzer, Designer, Manager, Systemingenieure etc. Diese Sichten dienen als Kommunikationsmedium zwischen dem Architekten und den anderen Teammitgliedern bezüglich architekturrelevanter Entscheidungen, die im Projekt gemacht wurden.

Das Definieren einer Architektur, das Verfeinern der Architektur, die Analyse des Verhaltens und das Design der Systemkomponenten stellen die Essenz aus dem Prinzip geschäftsorientierter Entwicklung ‚Den Abstraktionsgrad erhöhen‘ und aus der Disziplin Analyse & Design dar.

Prototyp: Das Produkt schrittweise erstellen und testen

Der RUP ist ein iterativer Ansatz zum Erstellen, Testen und Bewerten ausführbarer Versionen des Produkts. Er kann damit Probleme früh ans Tageslicht bringen und Risiken bewältigen.

Das schrittweise Erstellen und Testen der Systemkomponenten ist die Essenz der Disziplinen Implementierung und Test sowie des Prinzips geschäftsorientierter Entwicklung ‚Wert iterativ demonstrieren‘.

Evaluierung: Ergebnisse regelmäßig bewerten

Offene Kommunikation unter Zuhilfenahme objektiver Daten, die direkt aus den laufenden Aktivitäten gewonnen werden, ist für jedes Projekt wichtig. Regelmäßige Status-Assessments liefern einen Mechanismus, um Risiken und technische und organisatorische Probleme anzusprechen, zu kommunizieren und eine Lösung dafür zu finden. Über das Identifizieren von Problemen hinaus sollte es zu jedem Problem einen Fälligkeitstermin und einen verantwortlichen Bearbeiter für die Lösung geben. Dies soll regelmäßig verfolgt und auf den neuesten Stand gebracht werden.

Diese Momentaufnahmen des Projekts bilden die Grundlage für das Management, um Engpässe oder Hindernisse für den Projektfortschritt aus dem Weg zu räumen.

Das Iterations-Assessment bewertet die Ergebnisse einer Iteration, also bis zu welchem Maß die Bewertungskriterien eingehalten wurden, welche Lerneffekte es gab und wie der Prozess angepasst werden muss. Das Iterations-Assessment ist ein wesentliches Arbeitsergebnis in der iterativen Entwicklung und kann von einer einfachen Beschreibung bis zu einem formalen Protokoll der Ergebnisse eines Tests reichen. Im einfachsten Fall kann ein Projektteam ein Iterations-Assessment anhand der folgenden Fragen durchführen:

- Was lief gut in der Iteration?
- Was lief nicht gut?
- Was wollen wir in der nächsten Iteration besser machen?

Change Requests: Änderungen verwalten und kontrollieren

Spätestens, wenn der erste Prototyp den Anwendern zur Verfügung gestellt wird, wird es Änderungswünsche geben. Um diese Änderungen in den Griff zu bekommen und den Projektumfang sowie die Erwartungen der Stakeholder effektiv zu managen, ist es wichtig, dass alle Änderungen an Arbeitsergebnissen mit Änderungsanträgen (Change Requests) vorgeschlagen und mit einem konsistenten Änderungsprozess gehandhabt werden.

Change Requests werden verwendet, um Fehler, Verbesserungsvorschläge und jede andere Form eines Änderungswunsches zu dokumentieren und zu verfolgen. Der Vorteil ist, dass Change Requests Entscheidungen nachvollziehbar machen und dass durch den Bewertungsprozess die Auswirkungen der Änderung von allen Projektmitgliedern verstanden werden. Change Requests sind essenziell, um den Umfang des Projekts zu managen und die Auswirkung von Änderungen zu bewerten.

Neben dem Etablieren eines Konfigurationsmanagement-Systems stellen Change Requests damit die Essenz der Disziplin ‚Configuration & Change Management' dar.

User Support: Ein benutzbares Produkt ausliefern

Zweck des Prozesses ist es, ein benutzbares Produkt auszuliefern. Beim Anpassen des Prozesses sollte immer dieses Ziel vor Augen stehen. Kern der Deployment-Disziplin ist das ‚Verpacken' des Produkts in einen auslieferungsfähigen Zustand und das Erstellen von Zusatzmaterialien, die der Endbenutzer zur Anwendung benötigt.

Das Produkt besteht üblicherweise aus mehr als nur der ausführbaren Software. Zumindest ein Benutzerhandbuch gehört dazu, eventuell in Form einer Online-Hilfe. Ein Installationshandbuch und gegebenenfalls Release Notes sind weitere Dokumente, die den Anwender unterstützen. Je nach Komplexität des Produkts werden auch Schulungsunterlagen, Lieferlisten und Produktverpackungen benötigt.

Process: Den Prozess an das Projekt anpassen

Es ist von entscheidender Bedeutung, einen Prozess auszuwählen, der zu dem zu entwickelnden Produkt passt. Auch nach der Auswahl soll der Prozess nicht blind beibehalten werden, sondern sich nach den – sich ändernden – Gegebenheiten des Projektes und neuem Wissensstand richten. Im RUP ist das die Essenz der Environment-Disziplin.

Neben einer Anpassung des Prozesses mit dem IBM **Rational Method Composer** für das ganze Unternehmen oder einzelne Entwicklungsbereiche muss der Prozess noch für das konkrete Projekt angepasst werden. Wem hierfür der IBM Rational Method Composer zu mächtig ist, der kann über den **Development Case** beschreiben, welche Arbeitsergebnisse erstellt werden sollen und wie weit die Arbeitsergebnisse in der jeweiligen Phase fertig gestellt sein sollen. Mehr zu diesem Thema finden Sie im Kapitel ‚RUP-Anpassung'.

Projektmanagement / Iterative Planung

Eine zentrale Bedeutung bei der praktischen Umsetzung des RUP kommt dem **Projektmanagement** und dessen Planung und Steuerung der iterativen Entwicklung zu. Dabei ist es besonders wichtig, sich von einigen traditionellen Gewohnheiten (wie dem **Wasserfallmodell**) im Management von Softwareprojekten zu trennen und sich konsequent dem Management eines iterativen, Use-Case-gesteuerten und architekturzentrischen Prozesses zu widmen. So muss sich der Projektmanager von der klassischen Vorstellung verabschieden, das Projekt von Anfang an detailliert planen zu können. Ihm muss bewusst sein, dass seine Planung zu Beginn auf wenig Wissen beruht, während er mit zunehmendem Wissen im Verlauf des Projektes die Planung detailliert und ändert.

Dieses Kapitel geht daher ausschließlich auf die Besonderheiten im Projektmanagement eines iterativen RUP-Projekts ein und verzichtet weitgehend auf Aspekte, die als Standardwissen im Projektmanagement angenommen werden können [Project Management Institute]. Ausführliche Information zum Thema ist auch in [Royce, 1999] zu finden.

Der Projektmanager

Die Rolle des **Projektmanagers** ist wahrscheinlich die Entscheidendste für den Projekterfolg. Dies gilt insbesondere für iteratives Vorgehen. Daher sollte bei der Auswahl eines Projektmanagers auch sehr viel Wert auf dessen Persönlichkeit und Ausbildung gelegt werden. Im Einzelnen werden hier einige wichtige Eigenschaften für die Besonderheiten des Projektmanagements nach RUP genannt. Einige gelten aber durchaus auch für klassische Wasserfallprojekte.

- *Erfahrung in der Planung und Steuerung iterativer Pro*jekte.
  Auch oder gerade erfahrene Projektmanager klassischer Wasserfallprojekte haben große Probleme mit der komplett anderen Art, ein Projekt zu planen, wie dies bei iterativen Projekten der Fall ist. Die Erfahrung zeigt, dass es bei der Einführung iterativer Vorgehensweisen in einem Projekt einige Iterationen braucht, bis sich die Planung und Durchführung der Iterationen eingespielt haben. Das gesamte Team muss seine gewohnten Vorgehensweisen ändern und sich auf den neuen Prozess einstellen. Wenn diese Vorgehensweise auch für den Projektmanager – als leitende und steuernde Rolle – neu ist, wird es für die Teammitglieder umso schwieriger, die **iterative Entwicklung** umzusetzen. Natürlich kann ein erfahrener Projektleiter auch viele Fallen vermeiden, in die man ansonsten beim ersten iterativen Projekt unweigerlich tappt. Z.B. gilt es, alle, die etwas mit dem Projekt zu tun haben, nicht nur in die iterative Vorgehensweise einzuweisen, sondern sie auch davon zu überzeugen. Dies sind sowohl die Entwickler, die den neuen Prozess sonst einfach nicht leben, als auch andere Beteiligte wie das Management oder Kunden, die akzeptieren müssen, dass zu Beginn des Projekts keine komplette Planung in alle Details möglich ist.
- *Flexibilität, alte Gewohnheiten über Bord zu werfen und neue Vorgehensweisen auszuprobieren.*
  Natürlich bedeutet iterative Vorgehensweise, sich von vielen Gewohnheiten der üblichen, wasserfallartigen Softwareentwicklung zu trennen. Unter anderem wird es schwierig sein, in frühen Iterationen die **Anforderungsanalyse** nur so weit zu betreiben, wie dies für das Iterationsziel nötig ist, und mit einem unvollständigen Anforderungsmodell alle klassischen Schritte bis zum getesteten Code durchzuführen. Dies bedeutet gerade für den Projektmanager eine neue Art der Planung, bei der er nicht mehr den gesamten Projektzeitraum mit detaillierten Arbeitsergebnissen plant, sondern jeweils nur die nächste Iteration.
- *Die Einsicht mit einem gewissen Maß an Unsicherheit planen zu müssen.*
  Natürlich wird der Projektmanager von vielen Seiten bedrängt, gesicherte Aussagen über den künftigen Projektverlauf zu machen. Am

Anfang eines Projekts ist dies realistisch gesehen bei Softwareentwicklung nicht möglich. Es gibt zu viele unbekannte oder nicht abschätzbare **Risiken**. Dies gilt besonders beim Einsatz neuer Technologien. Ohne Lasttests an erster lauffähiger Software ist es z.B. nicht möglich, zuverlässige Aussagen über die Eignung einer Client-Server-Technologie bezüglich Antwortzeitverhalten zu machen. Der Projektmanager muss also sich und anderen auch mal antworten können: „Ich weiß es noch nicht“. An dieser Stelle sollte der häufig bemühte Vergleich mit dem Bau von Gebäuden verlassen werden, denn bei Gebäuden gibt es kaum unbekannte Risiken. Vielmehr passt der Vergleich mit Projekten wie dem Transrapid, bei dem erst viel neue Technologie erforscht werden musste, ehe ein zuverlässiger Zeit- und Kostenrahmen angegeben werden konnte.

- *Neben klassischem Projektmanagement-Know-how auch Erfahrung mit Softwareentwicklung.*
  Ohne konkrete Erfahrung in der Softwareentwicklung oder wenigstens ein oberflächliches Verständnis für die Technologien geht es aus vielen Gründen nicht. Nicht nur die Autorität des Projektmanagers leidet, wenn seine Mitarbeiter feststellen, dass er wenig Ahnung von Softwareentwicklung hat, er wird sie zum Teil schlicht und einfach nicht verstehen.
- *Mehr Zeit für Planung und Management als bei klassischen Wasserfallprojekten.*
  Iterative Softwareentwicklung bietet viele Vorteile. Diese werden allerdings mit einem gesteigerten Verwaltungs- und Planungsaufwand erkauft. So erfordert jede Iteration erneute Detailplanung über alle Wasserfallschritte von Anforderungsmanagement bis Test. Am Ende jeder Iteration muss der Status bzw. der Erfolg der Iteration bewertet werden und bei identifizierten Problemen Gegenmaßnahmen für die nächste Iteration in der Planung berücksichtigt werden. Eine besondere Rolle im Projektmanagement spielt auch das Führen und ständige Überarbeiten einer Risikoliste. All das bedeutet erheblichen Mehraufwand durch die iterative Planung, der bei den Projektmanager-Ressourcen berücksichtigt werden muss.
- *Verständnis für den fachlichen Kontext des Projekts.*
  Neben den technischen Kenntnissen sollte der Projektmanager allerdings auch fundiertes fachliches Verständnis aufbringen. Er muss die Belange des Kunden bzw. der Benutzer in seine Planung einbringen. Sein erstes Ziel ist die Zufriedenheit des Kunden.

Dazu sollte er verstehen, was seine wirklichen Bedürfnisse sind. Sid Fuchs führt z.B. dazu in seinem Artikel „New Dimensions of Project Management“ [The Rational Edge, Mai 2001, Seite 3] an, dass der Projektmanager verstehen muss, ob die Projektzeit oder die Softwarequalität das vorrangige geschäftliche Interesse sind.

- *Die Erkenntnis viele Aufgaben (z. B. technische Entscheidungen) vertrauensvoll delegieren zu müssen.*
  Einer der ersten und weitverbreiteten Managementfehler ist, alle Aufgaben lieber selber zu machen, ehe ein Mitarbeiter sie falsch machen könnte. Dies gilt natürlich auch für Projektmanagement. Neben den üblichen privaten Problemen einer 80+-Stunden-Woche ist eine solche Vorgehensweise auch uneffektiv und unwirtschaftlich. Die Mitarbeiterressourcen werden eher schlecht oder gar nicht genutzt, und das Team – soweit man von einem sprechen kann – wird nicht produktiv zusammenarbeiten. Insbesondere die Motivation der Mitarbeiter leidet unter solchen Projektmanagern, denn ein Mitarbeiter verhält sich zumeist genauso einfallsreich und verantwortungsvoll, wie ihn sein Manager einschätzt.
- *Gute kommunikative Fähigkeiten und Überzeugungsgabe im Umgang mit dem Management als auch im Umgang mit den Projektmitarbeitern.*
  Der Projektmanager muss sowohl mit seinen Entwicklern auf technischer Ebene **kommunizieren** und deren Belange und Interessen verstehen können als auch auf ganz anderer Ebene mit dem Management, das letztendlich das Projekt finanziert. Unter anderem muss er das Management von der Richtigkeit einer iterativen Entwicklung überzeugen, da hierbei ein wichtiges Bedürfnis des Managements zu kurz kommt: Es bekommt zu Beginn des Projekts kein vollständiges Dokument mit allen detaillierten Anforderungen – bekannt als Pflichtenheft –, und es bekommt keine gesicherte detaillierte Planung über den gesamten Projektzeitraum. Er muss verdeutlichen, dass dies kein Nachteil der iterativen Vorgehensweise ist, sondern dass hier mit Versprechungen und Zusicherungen nur verantwortungsvoller umgegangen wird. Natürlich ist das keine leichte Aufgabe.

Da manche der erlernbaren Fähigkeiten, insbesondere Erfahrung mit iterativen Projekten oder gar RUP, nicht unbedingt bei den sonst geeigneten Kandidaten für das Projektmanagement zu finden sind, sollten derartige Lücken unbedingt durch zwei Maßnahmen geschlossen werden:

1. *Schulungsmaßnahmen* bei den Projektmanagern, z. B. RUP-Grundlagen und Planung iterativer Projekte.
2. *Mentoring* durch erfahrene externe Berater – anfangs mindestens 80% der Zeit.

Dabei wird von erfahrenen Projektmanagern mit mindestens **PMP**(Project Management Professional)-Zertifizierung des **PMI** (Project Management Institute) ausgegangen:

Diese Maßnahmen sind besonders wichtig, zumal der Projektmanager in seiner steuernden Funktion eine Schlüsselrolle für die praktische Umsetzung des RUP und den Projekterfolg insgesamt einnimmt.

Iterative Projektplanung

Die Planung iterativer Projekte unterscheidet sich im Wesentlichen von der Planung herkömmlicher Wasserfallprojekte, da hier eine wichtige neue Erkenntnis zum Tragen kommt: Bei Softwareprojekten sind nicht alle Anforderungen von Anfang an bekannt, und es müssen auch viele unbekannte Risiken insbesondere technischer Natur erwartet werden, die zu Beginn des Projekts nicht korrekt berücksichtigt werden können.

Im Wesentlichen besteht iterative Projektplanung aus zwei unterschiedlichen Typen von zeitlichen Plänen, die beide Bestandteil des Arbeitsergebnisses **Software Development Plan** sind:

Projektplan (Project Schedule):
Auch wenn bei Wasserfallprozessen der gleiche Begriff verwendet wird, ist der **Projektplan** des RUP deutlich anders konzipiert. Hier wird nicht das gesamte Projekt im Detail geplant, sondern ein grober Zeitplan aufgestellt, der von Iteration zu Iteration überarbeitet wird. Als Erstes wird ein **Phasenplan** über die gesamte Projektlaufzeit aufgestellt. In einem zweiten Schritt werden die Phasen in Iterationen unterteilt.

Diese Unterteilung muss nicht von Anfang an für alle Phasen festgelegt sein, sie kann auch mit fortlaufendem Projekt ergänzt und überarbeitet werden. Natürlich ist die Unterteilung für die aktuelle Phase jedenfalls erforderlich. Wie viele Iterationen pro Phase benötigt werden, hängt von vielen Parametern ab. Die wichtigsten sind im Folgenden für jede Phase genannt:

Inception: Die **Inception**-Phase enthält oft überhaupt keine echte Iteration, da erst einige Planungsarbeit nötig ist, ehe mit einer eigentlichen Iteration begonnen werden kann. Manchmal wird aber auch in dieser Phase eine Iteration durchgeführt, um allererste Risiken bewerten zu können.

Elaboration: Wenn das Projekt viele Risiken enthält wie unbekannte Technologien oder häufige Änderungen in den Anforderungen, werden in der **Elaboration**-Phase mehrere Iterationen durchgeführt (im Allgemeinen zwischen zwei und drei). Bei Projekten mit wenig Risiko, wenn das Projekt z. B. im Wesentlichen analog zu einem bereits durchgeführten Projekt aufgebaut ist, kann die Elaboration-Phase auf eine Iteration verkürzt werden.

Construction: Die Construction-Phase wird im Allgemeinen zwei bis drei Iterationen umfassen. Im Einzelfall, wenn z. B. die Anzahl der Komponenten gering ist, kann die Construction-Phase auch aus einer Iteration bestehen.

Transition: Häufig wird in der **Transition**-Phase nur eine Iteration stattfinden. Diese entspricht der bekannten Betaphase von Standardsoftware. Manchmal, z. B. wenn erst in dieser Phase Feedback vom Kunden eingeholt werden kann, gibt es auch zwei Transition-Iterationen.

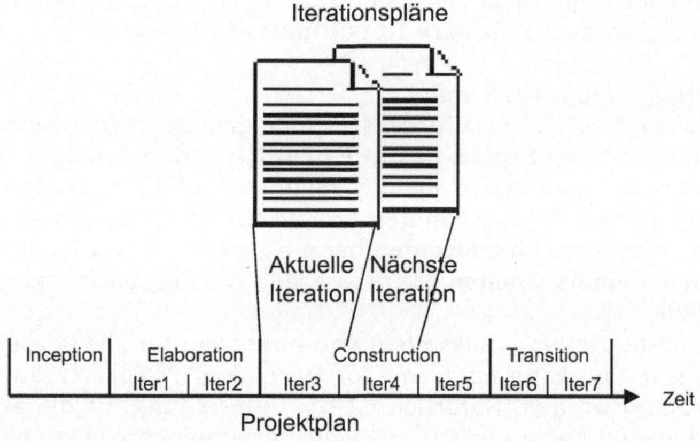

Der Projektplan ist im RUP keinen eigenes Arbeitsergebnis, sondern direkt in Abschnitten des Software Development Plans enthalten.

Iterationspläne:

Iterationspläne entsprechen mehr dem Projektplan eines Wasserfallprozesses, da jede Iteration mit einem kleinen Wasserfallprojekt vergleichbar ist. Man wird allerdings nicht sämtliche Iterationen zu Projektbeginn planen. Tatsächlich muss nur der detaillierte Iterationsplan für die aktuelle Iteration vorliegen, während der Iterationsplan für die nächste Iteration sukzessive erarbeitet wird. Diese zeitnahe Planung ist nötig, damit neue Erkenntnisse auch immer aktuell in der jeweils nächsten Iteration berücksichtigt werden können. Ein detaillierter Iterationsplan, der zu früh aufgestellt wurde, müsste nur ständig abgeändert werden.

Jeder Iterationsplan enthält einen klaren Zeitplan, welche RUP-Aktivitäten (heruntergebrochen nach einer Work Breakdown Structure) von wem in welchem Zeitraum gemacht werden. Dieser Plan ist idealerweise nach Disziplinen gegliedert.

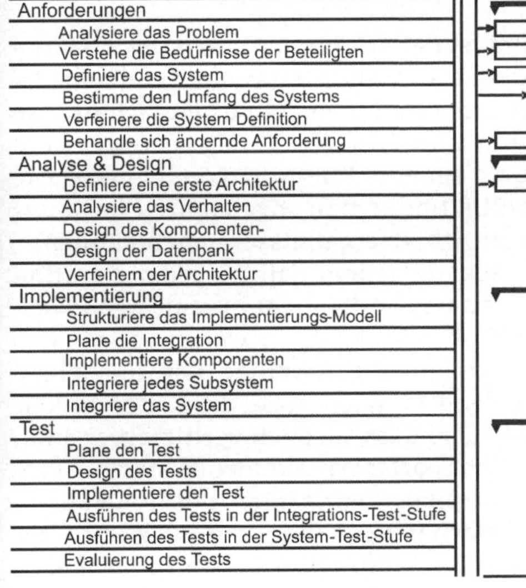

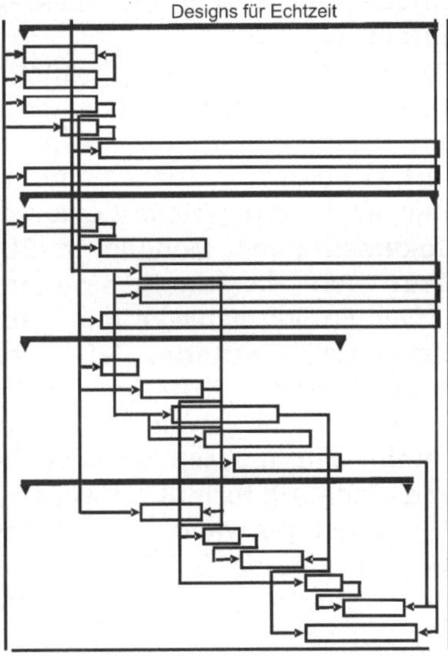

Beispiel für einen Iterationsplan in Gant Chart Form.
Quelle: RUP, 2002

Wenn der IBM **Rational Method Composer** (**RMC**) verfügbar ist, kann die Work Breakdown Structure aus dem angepassten RUP direkt in das Projekt- und Portfoliomanagement Tool IBM **Rational Portfolio Manager** übernommen werden.

Fortschrittskontrolle

Ein wichtiger Bereich im Projektmanagement iterativer Projekte ist die Kontrolle des Projektfortschritts. Hierzu werden für jede Iteration klare **Erfolgskriterien** definiert, die am Ende der Iteration verifiziert werden. Nur so kann der Projektmanager zuverlässige Aussagen über den **Projektfortschritt** machen und gegebenenfalls auch Gegenmaßnahmen ergreifen, wenn die Erfolgskriterien einmal nicht erfüllt sind. Damit will der RUP ein bekanntes Phänomen gescheiterter Softwareprojekte vermeiden:

Viele Projekte verlaufen bis kurz vor dem Endtermin vollkommen ruhig. Erst ganz am Ende, wenn es zu spät ist, geeignete Maßnahmen einzuleiten, werden schwerwiegende Probleme und Versäumnisse entdeckt.

Das wichtigste Erfolgskriterium ist der erfolgreiche Test (nach klaren Testkriterien) ablauffähigen Codes. In frühen Iterationen will man damit Risiken eliminieren. In späten Iterationen geht es einfach um die Fertigstellung einzelner Komponenten. Weitere Erfolgskriterien sind aber auch erfolgreiche Reviews anderer RUP-Arbeitsergebnisse wie Dokumente oder Modelle. Im RUP findet man sogenannte Checklists (Prüflisten), die zum Review der Arbeitsergebnisse dienen können.

Der Projektmanager muss aber in jedem Fall zu jeder Iteration eigene Erfolgskriterien definieren und sollte nicht nur auf irgendwelche allgemeinen Kriterien wie diese Checklists verweisen, da die Kriterien auf das jeweilige Projekt und die jeweilige Iteration abgestimmt sein müssen. Entscheidend ist auch, dass die Kriterien klar und eindeutig formuliert werden, so dass sie auch verifizierbar sind.

Ein weiteres wichtiges Mittel zur Fortschrittskontrolle sind die Project Measurements (Projektkontrolle), Kennzahlen des Projekts in einer zentralen Ablage oder Datenbank gehalten, die Auskunft über den Fortschritt und den Zustand des Projektes geben. In größeren Projekten empfiehlt sich, diese Project Measurements in einem Projektportal zu veröffentlichen.

Typische Fehler

Leider sind die unten genannten **Fehler** nicht nur in der Praxis zu finden, sondern auch in vielen Publikationen und Vorträgen. Daher ist die Gefahr groß, diese Fehler aus Publikationen direkt zu übernehmen oder den RUP aufgrund falscher Eindrücke nicht in Erwägung zu ziehen. Gesicherte Informationen über den RUP kommen eher vom Hersteller IBM Rational selbst oder von Partnerfirmen, die eng mit IBM Rational zusammenarbeiten. Weitere Informationen sind mittlerweile aber auch als Open Source unter dem **Eclipse**-Projekt [Eclipse Projekt] zu finden. Die hier veröffentlichte Variante des RUP für kleinere, agile Projekte heißt **OpenUP**

Weitere Artikel zu diesem Thema sind [Kruchten, Larman, Bittner, 2001] und [Filho, 2002], deren Inhalte sich in unserer Praxis bestätigten und daher auch dieses Kapitel inspirierten.

Rückfall in Wasserfallpraktiken

- *Die vier Phasen des RUP werden mit den Phasen eines Wasserfallmodells verwechselt.*
  Die **Wasserfallphasen** haben sich oft zu sehr im Prozessdenken verankert, als dass man sich auch andere Phasen vorstellen kann. Z. B. wird die Elaboration-Phase gerne mit Analyse & Design verglichen und die Construction-Phase mit der Implementierung. Auch wenn manche Aufgabenbereiche in den verschiedenen RUP-Phasen im Vordergrund stehen, so trifft eine Unterteilung nach diesen Bereichen keinesfalls das wirkliche Ziel der Phasen. Z. B. ist das Ziel der Elaboration-Phase ein geprüfter architektureller Prototyp und möglichst minimierte Risiken. Dazu ist es keinesfalls erforderlich, ein komplettes Design-Modell zu haben. Dementsprechend können Teile der Anforderungen und des Design-Modells auch noch in der Construction-Phase erarbeitet werden.
- *Vollständige Anforderungsanalyse, ehe das Projekt startet.*
  Ebenfalls eine Gewohnheit aus Wasserfallprojekten ist eine vollständige **Anforderungsspezifikation** am Anfang des Projekts, ehe mit anderen Tätigkeiten begonnen wird. Manchen scheint dies unabdingbar, um ein Projekt gesichert planen und dessen Aufwand schätzen zu können. Noch unabdingbarer erscheint diese Praxis bei Fremdentwicklung, in der ein Auftragnehmer das Projekt zu einem festen, vereinbarten Preis durchführen soll. Diese An-

sätze vernachlässigen allerdings eine wichtige Erfahrung, die für fast jedes Softwareprojekt gilt: Die Anforderungen werden sich im Laufe eines Projekts ohnehin ändern. Dies kann viele Gründe haben: Der Anwender merkt, dass die spezifizierten Anforderungen nicht optimal sind; gesetzliche oder andere extern festgelegte Vorschriften ändern sich im Verlauf eines Projekts, ein Teil der technologischen Plattform muss bis zum Ende des Projekts ausgetauscht werden (was bei Projekten mit mehr als einem Jahr Laufzeit nicht unwahrscheinlich ist) und viele andere Gründe mehr.

- *Vollständige und perfektionistische Modellierung, bevor codiert wird.* Dieses Phänomen ist dem vorherigen sehr ähnlich und wird auch als „**Analysis Paralysis**„ bezeichnet. Beim Modellieren wird häufig das eigentliche Ziel, eine ausführbare Software, aus den Augen verloren und ein Ersatzziel, das perfekte Modell, verfolgt. Dies kann in der Praxis auch schon mal bedeuten, dass das definierte Projektziel ein fachliches Modell ist, welches patentiert werden soll. Die eigentliche Software ist dann nicht mehr Gegenstand des Projekts. Häufig werden bei dieser Praxis durch ständiges Ändern am Modell Entscheidungen gesucht, die beim Implementieren oder mit ausführbarer Software viel besser zu treffen sind.

Fehler bei der Implementierung des konkreten Prozesses

- *Verwendung des RUP ohne Anpassung.*
  Der Rational Unified Process beinhaltet die Erfahrung aus Tausenden von Projekten und von unzähligen Experten aus der Softwareentwicklung. Der Inhalt ist für die größten Projekte geeignet. Es versteht sich eigentlich von selbst, dass nicht alle Arbeitsergebnisse und Aktivitäten, die für große Projekte eingebracht wurden, in gleicher Art und Formalität auch für mittlere bis kleine Projekte nötig sind. Ebenso können nicht alle Inhalte für alle Arten von Softwareentwicklung gleichermaßen geeignet sein. Daher ist es zumeist nicht angebracht, den RUP unverändert zu nutzen, da sonst viele überflüssige Arbeitsergebnisse erzeugt werden oder eventuelle nützliche Ergänzungen fehlen. Gerade das zum RUP gehörende Werkzeug IBM Rational Method Composer zur Beschreibung und Veröffentlichung eines angepassten RUP macht es leichter, den Prozess einfach und schnell abzuändern. Leider sind viele Anwender den Grundgedanken eines Prozessframeworks, das erst noch konkret instanziiert werden muss, von anderen Prozessen her nicht gewohnt.

- *Einführung aller RUP-Disziplinen und Arbeitsergebnisse auf einmal.* Ebenfalls in dem Bestreben, den RUP korrekt auszuführen, kommt es vor, dass man bei der ersten Nutzung des RUP in einer Organisation gleich alle Disziplinen in ganzer Breite sofort einführen möchte. Wenn dies auch noch in Einheit mit neuen Werkzeugen und neuen Technologien erfolgt, sind die Beteiligten sicherlich überfordert und damit nicht in der Lage, den Prozess richtig durchzuführen. Das Ergebnis ist häufig ein gescheitertes Pilotprojekt, bei dem die Schuld für das Scheitern dem RUP zugeordnet wird – man hat ihn ja genau befolgt.
- *Das Prozessengineering ist in der Projektplanung nicht vorgesehen.* Von ein für allemal festgeschriebenen Prozessen ist man nicht gewohnt, dass für jedes Projekt, eventuell sogar während des laufenden Projektes, eine Prozessanpassung vorgenommen werden sollte. Damit werden bei der Planung des Projekts sowohl die Rolle des **Process Engineers** (Prozessentwickler – derjenige, der die konkrete Prozessanpassung und Nutzung plant und beschreibt) als auch für die **Anpassung** des Prozesses benötigte Ressourcen schlicht und einfach vergessen. In Folge fehlen aber wiederum wichtige Vorarbeiten zur Optimierung des Prozesses. Wenn der RUP im Unternehmen erstmals etabliert werden soll, liegt der Fehler häufig darin, dass für die Prozesseinführung kein eigenes Projekt und damit auch kein Aufwand geplant werden. Die Prozesseinführung gibt es aber leider nie „kostenlos".
- *Prozesseinführung ohne Änderung im Unternehmen.* Was eigentlich paradox klingt, ist in der Praxis häufig zu beobachten: Ein neuer Softwareentwicklungsprozess soll eingeführt werden, aber niemand ist bereit, dabei Aufbau- und Ablauforganisation des Unternehmens zu ändern. Genauer genommen ist niemand bereit, überhaupt etwas an Rollen und Tätigkeiten zu ändern. Das Ergebnis ist, dass der RUP so angepasst (oder zumindest gelebt) wird wie der bisher gelebte Prozess – jetzt nur unter dem Namen RUP. In Wirklichkeit liegt es in der Natur der Sache, dass ein neuer Prozess auch Änderungen im Unternehmen (**Organizational Change**) benötigt. Dies ist wahrscheinlich die schwierigste Hürde bei der Prozesseinführung in größeren Unternehmen und am besten durch Spezialisten im Organizational Change unterstützt.
- *Start ohne nötiges Know-how und Mentoring.* In finanziell schwierigen Zeiten wird gerne auf externe Hilfe verzichtet. Bei neuen Vorgehensweisen wie bei neuen Technologien

wird diese Entscheidung aber eher ungünstig sein: Ohne die entsprechende Erfahrung mit iterativer Entwicklung und dem Start eines RUP-Projekts wird man nämlich über viele Fallen stolpern, die gewaltigen Zeitverlust bis hin zum Scheitern des Projekts bedeuten können. Eines der wahrscheinlichsten Probleme, die bei einem RUP-Start ohne Erfahrungen vorkommen werden, ist ein Rückfall in bisherige Entwicklungsgewohnheiten – zumeist eine Wasserfall-Vorgehensweise.

- *Fehlendes Einbeziehen und Überzeugen aller Betroffenen.*
  Beim Start eines RUP-Projekts muss jeder Beteiligte den neuen Prozess verstanden haben und ihn aktiv und aus eigenem Willen unterstützen. Die Erfahrung zeigt, dass einzelne Beteiligte sonst zu einem Störfaktor bis hin zu einem Projektrisiko werden können. Beispiele für Beteiligte, die nicht genügend einbezogen werden, sind sowohl Entwickler wie Manager. Manager sind nicht direkt am Projekt beteiligt, müssen aber durchaus die Konsequenzen und Arbeitsergebnisse der Prozessumstellung verstehen. Schließlich bekommen sie zu Beginn des Projekts entgegen ihrer bisherigen Erfahrung keinen detaillierten Projektplan und kein umfangreiches Anforderungsdokument zur Definition des Projektumfangs. Wenn die Entwickler den Prozess nicht verstehen oder nicht durchführen wollen, werden sie ganz unabhängig von der Projektplanung einfach weiterhin ihren gewohnten Prozess durchführen.
- *Unangebrachte Iterationslängen.*
  Eine der wichtigsten Fragen zu Beginn eines iterativen Projekts ist die **Länge der Iterationen**. Jede zusätzliche Iteration bringt mehr Flexibilität und mehr Sicherheit in den Projektverlauf. Jede zusätzliche Iteration bedeutet aber auch zusätzlichen Aufwand in der Iterationsplanung und im Abschließen und Bewerten der Iteration. Daher ist die richtige Iterationslänge für einen effizienten Prozess ungemein wichtig. Dabei sind allgemeine Aussagen wenig dienlich, zumal die Iterationslängen von vielen Faktoren wie der Projektgröße und der Unternehmenskultur abhängig sind. Extreme Randwerte, aber nicht allgemein zu verdammen, sind sechs Monate – d.h. schon fast nicht mehr iterativ – oder eine Woche bei sehr kleinen, unformalen, agilen Teams.
- *Dokumentengetriebener Prozess.*
  Aus anderen formalen Prozessen ist man gewohnt, viele **Dokumente** zu produzieren, um den definierten Prozessformalismen zu genügen. Auch im RUP kann man viele mögliche Dokumente fin-

den, die scheinbar einen dokumentengetriebenen Prozess bedeuten. Dies widerspricht aber im Wesentlichen einigen Grundgedanken des RUP: Informationen und Arbeitsergebnisse sind leichter in den Werkzeugen zu finden, in denen sie erstellt wurden, als in langen Dokumenten. In Werkzeugen kann man über Abfragen gezielter nach den gewünschten Informationen suchen, ohne sie redundant in Dokumente übertragen zu müssen. Außerdem sollte man immer nur solche Ergebnisse produzieren, die für das letztendliche Ziel, ausführbare Software, dienlich sind. D. h. aber wiederum, man sollte nicht Dokumente produzieren, nur weil sie im RUP stehen. Hier kommt wieder die richtige Anpassung des RUP an die konkreten Projektgegebenheiten zum Tragen.

Tipps

Wie bereits erwähnt, ist eine im RUP erfahrene Projektbegleitung beinahe unabdingbar. Nichtsdestotrotz seien hier einige der wichtigsten Erfahrungen und **Tipps** genannt.

- *Projektbeteiligte bei Prozesseinführung schulen und begleiten.*
  Bei der Einführung des RUP in einem Unternehmen oder in einem einzelnen Projekt ist es unbedingt erforderlich, eine erfahrene, geschulte Person im Projekt zu haben, die hauptverantwortlich dafür sorgt, dass der definierte Prozess auch richtig durchgeführt wird. Wenn ein Projekt den neu definierten Prozess nur schriftlich vorgegeben bekommt, ist die Wahrscheinlichkeit hoch, dass das Projekt in seine bisherigen Gewohnheiten zurückfällt. Dabei genügt es zumindest am Anfang nicht, den Fortschritt und die Einhaltung wöchentlich zu prüfen, es ist vielmehr erforderlich, das Projekt täglich zu begleiten. Natürlich ist es auch nötig, aber eben nicht ausreichend, die Projektbeteiligten zielgerichtet für ihre Tätigkeit vorab zu schulen. Diese Erfahrungen sind unter anderem auch in einem Bericht zur erfolgreichen Einführung des RUP bei Volvo IT zu lesen [Grahn und Karlsson, 2002, Seiten 11–12].
- *Process Engineer und Processengineering.*
  Da der RUP für jede Organisation bzw. für jedes Projekt angepasst werden sollte, ist die Rolle des **Process Engineers** (Prozessentwicklers) nicht zu unterschätzen. Vor Projektbeginn muss die konkrete Prozessinstanz in Form des Development Case festgelegt werden. Dieser Development Case ist im einfachsten Falle ein Dokument, das bestimmt, welche Aktivitäten und welche Arbeitser-

gebnisse des RUP in welcher Form wann erwartet werden. Diese Rolle bzw. Aktivität ist in vielen anderen Prozessmodellen nicht vorgesehen. Für die richtige Anpassung und Nutzung des RUP ist sie aber ein entscheidender Faktor, der nicht vergessen werden darf.

- *Projekt zur Prozesseinführung.*
  Wenn der RUP erstmals in einem größeren Unternehmen eingeführt wird, muss diese Aufgabe als eigenes Projekt mit Projektmanager und dediziertem Projektteam gestartet werden. Die Teammitglieder sollten mindestens 75% ihrer Arbeitszeit dem Einführungsprojekt widmen können. Aus einer guten Planung dieses Einführungsprojektes ergibt sich auch automatisch eine gute Abschätzung der benötigten Ressourcen in Geld und Arbeitszeit für die Prozesseinführung, die sonst häufig vernachlässigt wird. Auch in kleinen Unternehmen muss zumindest der Aufwand berücksichtigt und eingeplant werden.
- *Know-how-Verbreitung im „Schneeballsystem".*
  Ein wichtiger Faktor bei der Einführung des RUP in großen Unternehmen ist die Verbreitung der Prozess-Kenntnisse im Schneeballsystem. D. h., dass bei allen frühen Maßnahmen der Einführung (Einführungsprojekt, erste Pilotprojekte) möglichst Mitarbeiter des Unternehmens beteiligt sind, die sich in späteren Phasen der Einführung auf die weiteren Pilotprojekte oder normalen Projekte verteilen, um ihr Wissen in diese Projekte zu tragen. Diese Vorgehensweise trägt der Tatsache Rechnung, dass es in größeren Unternehmen nahezu unmöglich und auch unwirtschaftlich ist, so viele Prozessberater zu holen, wie diese für das Mentoring im gesamten Unternehmen nötig wären.
- *Einbeziehen des Managements.*
  Auch wenn das **Management** nicht direkt am Projekt mitarbeitet, so hat es doch entscheidenden Einfluss. Das Management bewilligt das Projektbudget und kann auch die Mittel kürzen oder das Projekt ganz stoppen. Daher ist es besonders wichtig, das Management über den neuen Prozess zu unterrichten und es von den Vorteilen zu überzeugen. Zumeist ist das Management ein Wasserfallvorgehen gewohnt, dem eine einfache lineare und scheinbar logische Planung zugrunde liegt. Natürlich möchte der Manager gerne zu Projektbeginn eine detaillierte Definition der Funktionalität der künftigen Software und eine darauf basierende Planung der Zeit und Kosten des Projekts haben. Dass eine solche Planung bei Soft-

wareprojekten auf vielen ungesicherten Annahmen und unbekannten Risiken beruht, ist eine Tatsache, die dem Management unbedingt vermittelt werden muss. Ebenso sollte im Sinne einer vertrauensvollen Zusammenarbeit dem Management genau erklärt werden, was ein iteratives Projekt wann und mit welcher Sicherheit liefern wird. Im Allgemeinen sind gesicherte Aussagen eben erst mit fortschreitendem Projektverlauf zu machen, entgegen der gewohnten, scheinbar gesicherten Planung zu Projektbeginn.

- *Iterative Projekte zu festen Preisen.*
  Eine Schwierigkeit mit iterativen Projekten ist, zu Projektbeginn ein **festes Preisangebot** abzugeben oder gar einen festen Preis vertraglich zu vereinbaren, da die nötigen Erkenntnisse eben erst mit den ersten Iterationen inkrementell erarbeitet werden. Wasserfallprojekte sind hier aber nur scheinbar im Vorteil, da der vereinbarte Preis auf höchst unsicheren Erkenntnissen beruht. Idealerweise wird der Preis in zwei Schritten festgelegt: Ein erster Preis wird über die Phasen vereinbart, in denen die Erkenntnisse zum Projekt gesichert und Risiken minimiert werden. Dies sind die Inception-Phase und die Elaboration-Phase. Am Ende der Elaboration-Phase wird aufgrund einer stabilen Softwarearchitektur und minimierter Risiken ein Preis für das fertige Softwareprodukt am Ende der Transition-Phase vereinbart. Wichtig für beide Preisvereinbarungen sind klare und verifizierbare Erfolgs- und Abnahmekriterien.

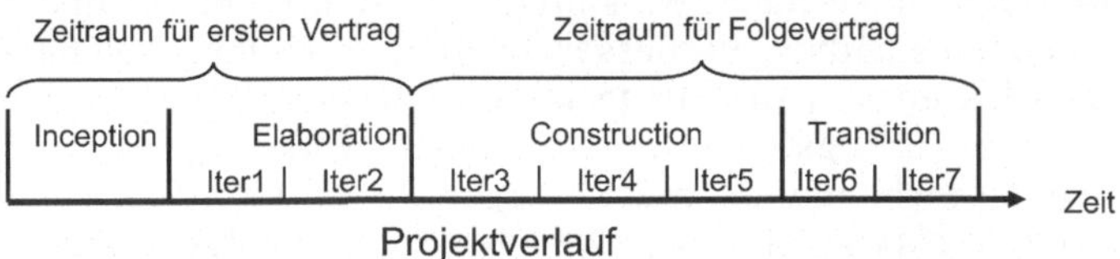

Falls der Auftraggeber von einem solchen Vorgehen nicht zu überzeugen ist, gibt es eigentlich nur zwei Möglichkeiten dennoch ein Angebot abzugeben:

1. Man muss am Ende der Inception-Phase eine grobe Aufwandsabschätzung nach Schätzmodellen wie z.B. COCOMO II oder angepassten Function-Point-Verfahren machen. Der Auftraggeber bekommt aber nach wie vor kein detailliertes Pflichtenheft als Vertragsgrundlage, denn zu diesem Zeitpunkt existiert lediglich ein grobes Use-Case-Modell mit wenig detaillierter Beschreibung. In

dieser Beschreibung müssen allerdings die für den Auftraggeber wichtigsten Eigenschaften des fertigen Produktes klar formuliert sein, d.h. möglichst so, dass auch ein Verfahren zu Verifikation abgeleitet werden kann oder bereits mit beschrieben ist.
2. Man muss bis zum Ende der Elaboration-Phase in Vorleistung gehen, ehe ein detailliert beschriebenes und weitgehend stabiles Use-Case-Modell Grundlage eines gesicherten Preisangebotes ist. In diesem Fall bekommt der Auftraggeber eine Art Pflichtenheft. Dafür trägt der Auftragnehmer das volle Risiko für den in der Inception- und Elaboration-Phase betriebenen Aufwand, wenn es nicht zu einem Auftrag kommt. Außerdem wird der Auftraggeber häufig nicht so lange auf ein konkretes Preisangebot warten.
In der Praxis sind vielfach Kompromisse zwischen der idealen Variante und den zwei alternativen Varianten zu suchen.

- *Zunächst nur die wichtigsten Änderungen vornehmen.*
  Um das Team bei der Einführung des RUP nicht zu überfordern, sollte der RUP von Projekt zu Projekt schrittweise umgesetzt werden. Vor der ersten Einführung des RUP wird idealerweise eine Analyse der bisherigen Prozesse in der Softwareentwicklung des Unternehmens oder einzelner Projekte gemacht. Diese Analyse soll Stärken und Schwächen aufdecken und Verbesserungspotenzial aufzeigen. Aufgrund der Ergebnisse kann dann besser bestimmt werden, welche Disziplinen, Aufgaben und Arbeitsergebnisse als Erstes eingeführt werden sollten. Dabei kommen einige Erwägungen in Betracht: Wo sind die größten Probleme und damit am meisten sichtbare Verbesserungen zu erwarten? Welche Änderungen lassen sich am leichtesten einführen und versprechen ein risikoloses Erfolgserlebnis? Ist nötige Werkzeugunterstützung zum entsprechenden Zeitpunkt zu gewährleisten? Auf wie viel Praxis und Erfahrung kann im jeweiligen Bereich aufgesetzt werden? Wie viel Änderung ist bei der vorliegenden Unternehmenskultur und den betroffenen Mitarbeitern möglich?
- *Nur so viel Prozess und Formalismus, wie für den Projekterfolg nötig.*
  Auch wenn diese Aussage einfach klingt, so ist es doch eine der schwierigsten und folgenreichsten Entscheidungen, das richtige Maß an Prozess und **Formalismus** für das konkrete Projekt zu finden. Der RUP verleitet mit seinem umfangreichen Inhalt dazu, unnötig viel in einer zu formalen Form durchzuführen. Dabei lassen sich viele Aktivitäten und Arbeitsergebnisse auf einfache, unformale Schritte und Arbeitsergebnisse für kleinste Teams und Pro-

jekte reduzieren. Das Iterationsende und Reviews können z. B. im minimalen Fall auch in einem einstündigen Meeting des Teams am Ende der Woche durchgeführt werden. Dabei reicht dann auch ein formloses Protokoll als schriftliches Ergebnis. Anleitungen zur Anpassung an bestimme Typen von Projekten findet man im RUP als *Roadmaps*. Es gibt aber mittlerweile auch eine fertige RUP-Konfiguration „RUP für kleine Projekte" und die Open-Source-Variante „OpenUP".

- *RUP aus erster Hand.*
  Es genügt nicht, sich auf Artikel und Erfahrungsberichte Dritter zu stützen, um einen wirklich RUP-konformen Prozess zu definieren. Zum einen entsteht aus diesen fremden Erfahrungsberichten oft ein falscher Eindruck über die „Process Essentials" – z. B. dass RUP ein wasserfallartiger, schwerlastiger Prozess ist –, zum anderen können kurze Berichte und Artikel kaum mehrere tausend Seiten Prozessframework ersetzen.
- *Nur RUP- und Toolberatungs-„Profis" nutzen.*
  Bei der Auswahl der Berater, die zur RUP-Einführung geholt werden, ist Folgendes zu beachten: Es macht einen gewaltigen Unterschied, ob der Berater in der Vergangenheit bereits als Processengineer oder Toolspezialist eine RUP-Einführung begleitet hat, oder ob er lediglich an Projekten teilgenommen hat, die nach RUP arbeiten, oder bestimmte Tools nutzen. Den Unterschied kennt man aus den Alltagsleben: Wer Auto fährt, ist noch lange kein Fahrlehrer.

Praktisches Anpassen / Key Artifacts

Wie wende ich den RUP praktisch an, auf welche Arbeitsergebnisse sollte ich nicht verzichten? Das folgende Kapitel stellt die wichtigsten Arbeitsergebnisse im Rahmen eines Beispiels vor. Ein weiteres empfehlenswertes Beispiel ist der Artikel ‚A Software Development Process for a Team of one' von Philippe Kruchten [The Rational Edge, Feb. 2002]. Der RUP selbst enthält mehrere unabhängige Projektbeispiele mit zahlreichen Beispiel-Arbeitsergebnissen.

Als **Beispielprojekt** in diesem Buch dient ein System zum Reservieren und Abholen von Kinokarten. Um den Rahmen nicht zu sprengen, enthalten die Beispiel-Arbeitsergebnisse nur die wesentlichen Bestandteile in Kurzform.

Nun zu dem Projekt: Die Firma CineSoft soll im Auftrag des Kinos Filmpalast ein Programm zum Reservieren und Abholen von Kinokarten entwickeln, da das existierende System zu Wartezeiten führt. Filmpalast erhofft sich davon einen besseren Service für die Kunden und eine bessere Abdeckung ihrer Wünsche als durch verfügbare Standardsoftware. Nach einem ersten Gespräch kommen die Vertragspartner überein, dass CineSoft ein Angebot mit der Beschreibung des Systems erstellt, das als Grundlage für weitere Verhandlungen dient.

CineSoft wickelt das Projekt nach RUP ab. Die Angebotserstellung stellt hier die Inception-Phase dar und hat das Ziel, die Vision und einen ersten Projektplan zu erstellen sowie die Wirtschaftlichkeit des Projekts zu prüfen.

Vision

Das Vision-Dokument beschreibt nach einer Einführung die Positionierung des Produkts oder Projekts mit dem Problem Statement. Im Anschluss werden die Stakeholder und Benutzer des Systems beschrieben. Im Produktüberblick und bei den Features werden die wichtigsten Anforderungen an das System beschrieben. Für die Vision – wie für die anderen Arbeitsergebnisse auch – gilt: Es handelt sich dabei um ‚lebende' Arbeitsergebnisse, d. h., diese werden im Laufe des Projekts überarbeitet, um Änderungen während des Projektverlaufs widerzuspiegeln. Die Vision soll am Ende der Inception-Phase stabil sein, d. h., danach sollen keine fundamentalen Änderungen mehr gemacht werden.

Das folgende Beispiel für ein Vision-Dokument stellt den Stand am Ende der Inception-Phase dar:

Einführung

Dies Dokument beschreibt die grundlegenden Anforderungen an ein Kinokarten-Reservierungssystem, das von CineSoft für Filmpalast entwickelt werden soll.

Positionierung

Das Problem	eines schwer bedienbaren und langsamen Systems
betrifft	Kinobesucher und Mitarbeiter an der Kinokasse
mit der Auswirkung, dass	erhöhte Wartezeiten beim Reservieren und Abholen der Karten entstehen.
Eine erfolgreiche Lösung	würde die Zufriedenheit der Kunden und Mitarbeiter erhöhen und kann dadurch zu höheren Umsätzen beitragen.

Stakeholder und Benutzer

Kinobesucher	Endkunde, der Karten an der Kinokasse reserviert und abholt.
Kassierer	Mitarbeiter an der Kasse, der direkt mit dem System arbeitet. Nimmt im Auftrag des Kunden Reservierungen vor und verkauft Karten.
Kinobetreiber	Auftraggeber, der das Projekt finanziert und durch das System höheren Umsatz erwartet.

Produktüberblick
Das System soll es ermöglichen,
- Kinokarten mit Platzangabe zu reservieren,
- reservierte Karten abzuholen und
- Karten ohne Reservierung zu kaufen.

Features
- Das System soll für die Auswahl der Karten den Filmsaal mit verfügbaren Plätzen grafisch darstellen.
- Das System soll zwei Filmsäle handhaben können.
- Die Auswahl des Tages und der Vorstellung soll durch Betätigen je einer einzelnen Taste möglich sein, Tag und Vorstellung sollen deutlich erkennbar im System dargestellt werden.
- Das System soll Kinokarten drucken.
- Eine halbe Stunde vor Vorstellungsbeginn sollen Reservierungen automatisch verfallen.

Business Case

CineSoft stellt für interne Zwecke zur Abschätzung des Projekts einen Business Case auf. Dieser ist einfach gehalten und beinhaltet eine Kostenabschätzung – auf Basis einer groben Aufwandsabschätzung der Entwickler. Der Business Case ist die Basis für weitere Verhandlungen mit dem Auftraggeber über die Art des Vertrages.

Beispiel für den Business Case:

Abschätzung der Kosten des ‚Filmpalast'-Projekts

Art der Tätigkeit	**Dauer**
Projektmanagement	20 Tage
Entwicklung	40 Tage
Test	10 Tage
Installation & Inbetriebnahme	5 Tage
Gesamtaufwand	75 Tage
Tagessatz Mitarbeiter	600,- Euro
Kosten	75 x 600,- Euro = 45.000,- Euro

Nutzen
Ziel ist es, das Projekt kostenneutral abzuwickeln, also so, dass durch das Projekt weder Gewinn noch Verlust entsteht. Der eigentliche Nutzen entsteht durch den Verkauf der entwickelten Lösung an weitere Kunden.
Damit muss ein Preis von mindestens 45.000,- Euro vom Auftraggeber erzielt werden.

Glossar

Zusätzlich legt CineSoft ein **Glossar** an, in dem die wichtigsten Begriffe aufgeführt, erklärt und eindeutig definiert werden.

Development Case

Auf die Erstellung eines kompletten Software Development Plan (SDP) wird in diesem Projekt verzichtet. Lediglich Teile daraus werden verwendet, konkret der Development Case und der Projektplan, der weiter unten beschrieben wird. Der Development Case beschreibt, welche Arbeitsergebnisse bis wann wie weit fertig gestellt werden sollen. Er ist deshalb so wichtig, weil er für ein bestimmtes Projekt die Auswahl der Arbeitsergebnisse beschreibt, die zusätzlich zum eigentlichen System erstellt werden sollen. Er ist also die konkrete Form der Anpassung des RUP zu einem Projekt und ermöglicht es, Soll- und Istzustand des Projekts zu vergleichen. Eine erste Version des Development Case wird in der Inception-Phase erstellt.

Beispiel für den Development Case:

I = Inception, E = Elaboration, C = Construction, T = Transition
Ein ‚i' bedeutet, dass das Arbeitsergebnis in einer initialen Version vorhanden ist. Ein ‚x' bedeutet, dass das Arbeitsergebnis größtenteils bis ganz fertig ist oder – bei mehreren ‚x' in einer Zeile – laufend überarbeitet wird.

	I	E	C	T
Environment Set				
Development Case	i	x		
Projektmanagement Set				
Business Case	x	x		
Risikoliste	x	x	x	
Projektplan	i	x	x	
Requirements Set				
Use Cases				
Karte reservieren	i	x		
Karte abholen	i	x		
Karte verkaufen	i	x		
Supplementary Specification	i	x	x	
User Interface Prototype		x		
Analyse & Design Set				
Analysemodell		x	x	
Test Set				
Testplan	i	x		
Testcases		i	x	x
Configuration Management Set				
KM-Plan		x	x	
Deployment Set				
Benutzerdokumentation			x	x

Für das System, also die eigentliche Applikation, soll am Ende der Elaboration-Phase ein ausführbarer Prototyp vorliegen.

Projektplan

Der Projektplan ist hier auf das Wesentliche reduziert. Er beschreibt die zeitliche Planung und Ressourcenzuordnungen, also wann welche Aktivitäten durchgeführt werden sollen und wer wofür verantwortlich ist. In der Praxis werden häufig Projektplanungstools eingesetzt, die den zeitlichen Verlauf und die Verwendung der Ressourcen in Form von Gantt-Charts darstellen.

Beispiel für einen Projektplan, zur Bedeutung der Meilensteine siehe das Kapitel ‚Zeitliche Struktur: Phasen und Iterationen':

Zeit	Woche 1	Woche 2	Woche 3	Woche 4	Woche 5
Phase	Inception	Elaboration	Construction	Construction	Transition
Iteration	1	2	3	4	5
Arbeits-ergebnisse	Vision Business Case Projektplan Development Case Risikoliste	Use Cases Supplementary Spec. UI-Prototyp Architekturprototyp Testplan	UC-Karte res. UC-Karte abholen Testcases	UC-Karte verk.	Benutzer-doku.
Meilensteine	LCO	LCA		IOC	PR

Verantwortlichkeiten:

- Projektmanagement und Requirements: Werner
- Implementierung und Prototypen: Hans, Michael
- Test und Dokumentation: Martina

Risikoliste

Die Risikoliste beschreibt mögliche Risiken und deren Auswirkungen sowie Strategien, wie die Risiken angegangen werden können. Das folgende Beispiel zeigt eine Form der Risikoliste:

- Durchführung des Projekts hängt von der go/no go-Entscheidung der Kunden nach der Elaboration-Phase ab.
- Keine Erfahrung mit der vom Kunden gewünschten Datenbank (DB2).
- Der Kunde will unter Umständen zusätzlich die Möglichkeit, Reservierungen über Internet zu buchen, dies kann weitreichende Auswirkungen auf die Architektur haben.
- Die gewünschten Antwortzeiten sind schwer messbar und in einigen Fällen schwer machbar, das muss mit dem Kunden geklärt werden.

Ausgestattet mit diesen Dokumenten verhandeln die Vertragspartner über den weiteren Fortschritt des Projekts. Der Auftraggeber besteht auf einer Festpreislösung, die jedoch nach der momentanen Sachlage für CineSoft zu unsicher ist. Deshalb kommen die Partner zu folgendem Kompromiss: CineSoft arbeitet die Anforderungen weiter aus und erstellt für den Kunden einen Prototypen für die Benutzeroberfläche, wobei diese Aufwendungen mit einer Pauschale abgegolten werden.

Diese Aktivitäten werden von CineSoft in der Elaboration-Phase durchgeführt, die das Ziel hat, die Anforderungen zu stabilisieren und eine ausführbare Architektur zu definieren. Am Ende der Elaboration-Phase steht die Entscheidung, ob das Projekt fortgeführt wird oder nicht. CineSoft muss nach der Vereinbarung einen Architekturprototyp erstellen, der zusätzlich große Teile der Benutzeroberfläche zu reinen Demonstrationszwecken enthält.

Requirements

Die Requirements werden im Use-Case-Modell und der Supplementary Specification weiter detailliert. Das Use-Case-Modell beschreibt im Wesentlichen die funktionalen Anforderungen an das System, während die Supplementary Specification die nicht funktionalen Anforderungen und allgemeinen funktionalen Anforderungen, die nicht einem Use Case zugeordnet werden können, beschreibt. Welche Anforderungen gehören in die Supplementary Specification? Dies kann man sich über das Kürzel FURPS+ merken, FURPS+ steht für

- *F*unctionality – Funktionale Anforderungen
- *U*sability – Anforderungen an die Benutzbarkeit
- *R*eliability – Anforderungen an die Zuverlässigkeit
- *P*erformance – Anforderungen an die Performance
- *S*upportability – Anforderungen an die Wartbarkeit
- + = Design Constraints – Vorgaben an das Design, wie z. B. die Verwendung einer bestimmten Datenbank.

In dem konkreten Projekt sieht das Use-Case-Modell folgendermaßen aus:

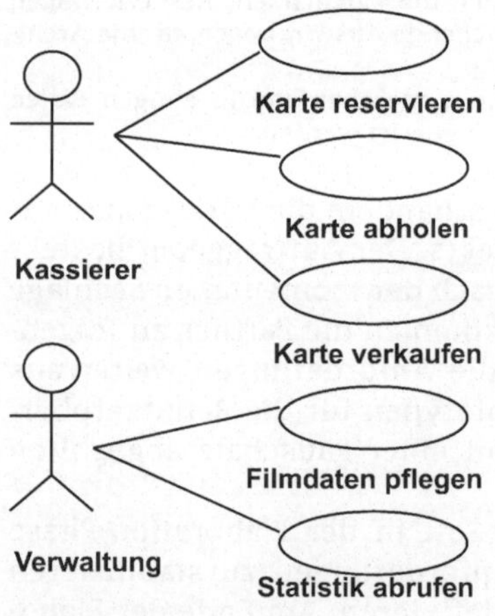

Aus dem Diagramm ist ersichtlich, dass zu den ursprünglich geplanten Use Cases zwei zusätzliche Use Cases zum Pflegen der Filmdaten und zum Abruf der Statistik gekommen sind. Während eigentlich klar ist, dass neue Filme und Anfangszeiten eingearbeitet werden müssen (Use Case: Filmdaten pflegen), ist der Wunsch nach der Statistik neu. Jeder Use Case wird in einem eigenen Dokument beschrieben, die Supplementary Specification steht in einem separaten Dokument.

Use Cases

Beispiel für den Use Case ‚Karte reservieren':

Use-Case-Spezifikation: Karte reservieren

Kurzbeschreibung

Dieser Use Case erlaubt es dem Kassierer, im System Kartenreservierungen im Auftrag des Kunden vorzunehmen.

Flow of Events

Basic Flow

Der Use Case beginnt, wenn der Kassierer die Reservierungsfunktion ausgewählt hat.

1. Das System stellt die Reservierungsmaske für die nächste Vorstellung am aktuellen Tag im größten Kino dar.
2. Der Kassierer wählt die gewünschte Vorstellung (Tag, Film, Uhrzeit) aus, wenn diese von der angebotenen abweicht. Die Auswahl von Tag, Film und Uhrzeit soll jeweils mit einer einzigen Taste möglich sein (nach vorne und hinten blättern).
3. Das System stellt die Reservierungsmaske für die ausgewählte Vorstellung dar. Die Reservierungsmaske stellt die verfügbaren, bereits verkauften und reservierten Plätze in unterschiedlichen Farben dar. Die Plätze werden entsprechend der Anordnung der Plätze im Kino grafisch dargestellt. Tag, Uhrzeit und Film werden deutlich in der Reservierungsmaske angezeigt.
4. Der Kassierer wählt die dem Kundenwunsch entsprechenden Plätze aus. Für eine Reservierung können 1 bis 10 Plätze markiert werden, die nicht zusammenhängen müssen. Nicht mehr verfügbare Plätze werden bei der Auswahl übersprungen. Der aktuell selektierte Platz und bereits zu der Reservierung gehörige Plätze werden farblich hervorgehoben. Die Reservierung wird vom Kassierer mit einer Eingabe bestätigt.
5. Das System gibt eine Reservierungsnummer für die Reservierung aus und stellt die soeben reservierten Plätze als reserviert dar. Die Reservierungsnummer ist für jede Vorstellung eindeutig. Damit endet der Use Case.

Alternative Flows

4a Keine Karten verfügbar, die dem Kundenwunsch entsprechen.
  4a.1 Der Kunde entscheidet sich für eine andere Vorstellung, zurück zu Schritt 2.
4b Keine Karten verfügbar, die dem Kundenwunsch entsprechen.
  4b.1 Der Kunde reserviert nicht, damit endet der Use Case.
4c Vorstellung ausverkauft.
  Das System stellt keine freien Plätze dar und die Meldung ‚Vorstellung ausverkauft'. Weiter mit 4a oder 4b.

Preconditions

Keine

Postconditions

Bei erfolgreicher Reservierung ist im System eine Reservierung gespeichert mit Reservierungsnummer, Tag, Vorstellung und ausgewählten Plätzen.

Supplementary Specification

Beispiel für die Supplementary Specification:

Supplementary Specification
Funktionalität:
Die funktionalen Anforderungen sind mit den Use Cases und den Features im Vision-Dokument beschrieben, zusätzliche funktionale Anforderungen gibt es nicht.
Usability:
Die Navigation (Auswahl von Plätzen, Vorstellung) soll komplett über die Tastatur mit einzelnen Tasten oder mit der Maus möglich sein.
Reliability:
Das System soll während der Kassenöffnungszeiten (täglich 13:00–23:00) verfügbar sein. In diesem Zeitraum soll es nicht öfter als zweimal pro Tag zu Unterbrechungen von bis zu 5 Minuten kommen.
Performance:
Die Antwortzeit bei allen Aktionen des Systems soll 100 ms nicht überschreiten. Das Drucken der Karten soll nicht länger als 1 s pro Karte dauern.
Supportability:
Keine Anforderungen
Design Constraints:
Als Datenbank soll DB2 verwendet werden, als Programmiersprache Java.

Configuration & Change Management Plan

Der Configuration & Change Management Plan (kurz: KM-Plan) beinhaltet – wie der Name bereits sagt – zwei wesentliche Elemente: Die Verwaltung der Konfigurationen, also aller Elemente, die nötig sind, um das System, einen Patch o. Ä. zu (re-)produzieren, und die Verwaltung der Änderungen, die am System vorgenommen werden. Mit den Entwicklungswerkzeugen Rational ClearCase® und Rational ClearQuest® können diese Informationen verknüpft werden, so dass z. B. später nachvollziehbar ist, welche Sourcen für einen Bugfix geändert wurden.

Der KM-Plan beschreibt die technische Infrastruktur und Namenskonventionen so weit, dass auch ‚Neulinge' im Projekt sich schnell zurechtfinden. Der KM-Plan wird in der Elaboration-Phase erstellt und in den folgenden Phasen wenn nötig angepasst – oder das neue Projekt wird in einen existierenden und übergreifenden Plan integriert.

Bei CineSoft wird Rational ClearCase als Configuration-Management-Werkzeug eingesetzt, die Änderungen werden jedoch in einer einfachen Tabelle verwaltet. So sieht der KM-Plan bei CineSoft aus:

Tools und Environment
Zur Verwaltung der Sourcen, Executables und der Installation wird IBM Rational ClearCase ohne UCM eingesetzt. Änderungen werden in einer Microsoft®-Excel-Tabelle verwaltet. Beides liegt auf dem Einwicklungsserver \\devserv.
Der VOB für das FilmPalast-Projekt heißt FP, er liegt unter
\\devserv\ClearcaseStorage\VOBs\fp.vbs.
Die Fehler- und Änderungsliste liegt unter:
\\devserv\fp\tracking\errlist.xls.
Namensgebung
Die Labels für die jeweiligen Versionen haben folgendes Format:
V<1..n>.<Phase><Iteration>.<dreistellige BuildNummer>, z.B. V1.C2.003. Eine Beschreibung zur Namensgebung und zum Arbeiten mit der Fehlertabelle ist im Arbeitsblatt ‚Anleitung' der Fehlertabelle enthalten.
Arbeitsweise
Wenn keine besonderen Gründe vorliegen, müssen am Ende jedes Arbeitstages alle Sourcen eingecheckt und kompilierbar sein. In der Nacht läuft ein automatischer Build. Falls dieser – wie aus dem Log ersichtlich – nicht erfolgreich war, muss vor weiteren Entwicklungsarbeiten der Fehler behoben und der Build wiederholt werden.

Analysemodell

Das Analysemodell (aus der A&D-Disziplin) stellt einen wichtigen Schritt auf dem Weg von den Anforderungen hin zur Implementierung dar. Es beschreibt fachliche Klassen und deren Zusammenhänge, ohne auf Implementierungsdetails einzugehen. Es ist gedacht zur Umsetzung der funktionalen Anforderungen, nicht jedoch für die zusätzlichen Anforderungen (aus der Supplementary Specification) wie Performance oder Design Constraints. Das Analysemodell beschreibt zunächst die Interaktionen zwischen Analyseobjekten (in einem Interaktions-Diagramm) und im zweiten Schritt deren statische Zusammenhänge (Klassendiagramm). Dieser Schritt über Interaktionen – der dem Verwenden von **CRC-Karten** ähnelt – führt eher zu einem Klassenmodell, aus dem eine ausführbare Applikation hervorgeht, als das direkte Modellieren von Klassen mit Attributen und Assoziationen. Grund dafür ist die Fokussierung auf Verantwortlichkeiten der Klassen, weil diese – im Gegensatz zu Attributen – auch nach außen sichtbar sind und beschreiben, was die Klasse leisten kann. Das Analysemodell kann weiter in ein Designmodell bis hin zur Implementierung entwickelt werden, doch der Weg dahin ist weit. Manchmal ist es sinnvoll und ausreichend, bis zum Analysemodell zu gehen und dies zu pflegen. Im MDA-Ansatz können schließlich auch die meisten Schritte vom Analysemodell bis zum Code automatisiert werden.

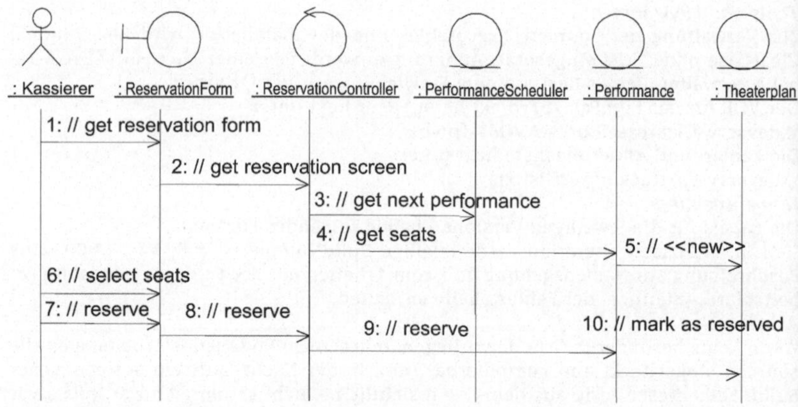

Ein Ausschnitt aus dem Analysemodell – das Sequenzdiagramm für den Basic Flow des Use Case ‚Karte reservieren' – bei CineSoft ist in der obigen Abbildung dargestellt.

Testplan und Testcases

Die Planung der Tests richtet sich nach dem, was in einem Projekt maßgeblich ist, z.B. hohe Ausfallsicherheit, Antwortzeiten bei einer bestimmten Zahl gleichzeitiger Nutzer, korrekte Berechnung komplexer Funktionen etc. Abhängig davon werden die verschiedenen Formen des Tests im Testplan festgelegt, dort ist also beschrieben, was wie getestet werden soll und welche Anforderungen durch den Test abgedeckt sind.
Die Teststrategie von CineSoft ist im folgenden Testplan niedergelegt:

Entwicklertest
Die Entwickler testen ihre eigenen Komponenten gemäß den Schnittstellenbeschreibungen und den im Modell beschrieben Interaktionen zwischen den Komponenten. Um reproduzierbare Ergebnisse zu haben, ist jeder Entwickler verpflichtet, für jede Komponente entsprechende Testkomponenten und Testdaten zum Test dieser Komponente zu entwickeln. Diese Tests sollen eingebettet in eine Test-Suite automatisiert ablaufen und eine Meldung ausgeben, ob der Test erfolgreich war oder nicht. Diese Tests sind als Teil der Implementierung zu verstehen.
Systemtest
Um die Funktion des Gesamtsystems zu testen, werden – um den Aufwand zu minimieren – die Use Cases als Testskript verwendet, d.h., die Szenarien der Use Cases werden als Anleitung zum Testen verwendet. So können während der Construction-Phase die bereits implementierten Use Cases getestet werden. Aus Gründen

der Nachvollziehbarkeit werden zu jedem Use Case die ausgewählten Szenarien, Testdaten (z. B. Reservieren der Plätze 5, 6 und 8 in Reihe 11) und erwartete Resultate in einem Testcase-Dokument beschrieben. Diese Tests werden manuell durchgeführt.

Zusätzlich wird ein Testcase für die Anforderungen aus der Supplementary Specification entwickelt

RUP-Anpassung

Wie in einigen anderen Kapiteln erwähnt, spielt die **Anpassung** des RUP® Frameworks an ein konkretes Projekt eine entscheidende Rolle für die erfolgreiche Nutzung des Prozesses. Daher wird in diesem Kapitel noch einmal auf einige Aspekte zur Anpassung bei Einführung in einem Unternehmen eingegangen, die aber auch ein einzelnes Projekt betreffen können.

Process Engineering

Unter Process Engineering versteht man alle Tätigkeiten, die sich mit der Prozessdefinition im Allgemeinen beschäftigen. Im Falle des RUP wird der Prozess selbstverständlich nicht grundsätzlich neu definiert, sondern nur jeweils für das Unternehmen, einzelne Entwicklungsbereiche oder einfach nur für das nächste konkrete Projekt abgeändert.

Die Rolle des Process Engineers (Prozessentwicklers), die auch als solche im RUP definiert ist, sollte selbstverständlich von einer in RUP und Process Engineering erfahrenen Person ausgefüllt sein, da in der Definition des richtigen Prozesses der Grundstein für den Projekterfolg gelegt wird.

Bei der Prozessdefinition sollte niemals das wirkliche primäre Ziel der Softwareentwicklung aus den Augen verloren werden, qualitativ hochwertige Software in möglichst kurzer Zeit zu erstellen, die die wirklichen Bedürfnisse der Kunden und Anwender erfüllt. Leider verfolgt die Prozessdefinition in der Praxis häufig andere Ziele, wie z. B. „Wie kann ich am meisten Statusdaten für meinen Manager erhalten?“ oder „Kann ich mit dem Prozess lückenlos ‚richtiges‘ Vorgehen nachweisen?“. Es muss immer ein Kompromiss gefunden werden, der so viel formales Sammeln von Daten wie nötig definiert, aber auch nicht mehr! Vor zu vielen formalen Arbeitsergebnissen kann also nur gewarnt werden. Jedes solche Arbeitsergebnis sollte auch für das anfangs genannte primäre Ziel mehr bringen, als es an Aufwand kostet.

Der Ausgangsprozess für die Anpassung kann aus einer oder mehreren der folgenden Quellen kommen:

- Das Produkt IBM Rational Unified Process – liegt mittlerweile schon in unterschiedlichen Konfigurationen für große und kleine Projekte vor.

- Einzelne RUP PlugIns für bestimmte Problemstellungen oder technische Lösungen, die entweder auf der Webseite **IBM Developerworks** – www.ibm.com/developerworks/rational – oder auf den Internetseiten des jeweiligen Herstellers zu finden sind. Manchmal entwickelt ein Unternehmen seine eigene Sammlung von RUP PlugIns.
- Ein angepasstes RUP Framework, das firmenweit gültig ist.
- Ein angepasster RUP aus einem vorherigen Projekt (möglichst ähnlich).

Folgende Faktoren müssen bei der Anpassung berücksichtigt werden:

- Größe des Projekts gemessen in Anzahl der Mitarbeiter und Umfang der geplanten Applikation.
  → Welche Arbeitsergebnisse sind nötig und wie formal müssen diese sein? So gibt es beim Produkt RUP schon eine Konfiguration für kleine Projekte.
- Verteilte Entwicklung oder ein Team, das in einem Gebäude oder gar einem Raum zusammensitzt ...
  → Wie formal muss die Kommunikation definiert werden, wie formal müssen die Arbeitsergebnisse sein, und welches Configuration- & Change-Management-Vorgehen ist nötig? Wie oft können Arbeitsergebnisse geändert oder ausgetauscht werden?
- Art der Software: Standardsoftware oder Entwicklung nach Auftrag. Verwaltungssoftware oder Embedded/Realtime-Software ...
  → Einzelne Disziplinen oder Teile des RUP müssen stark unterschiedlich definiert sein. Gibt es eine Roadmap zur vorliegenden Software-Art? Gibt es PlugIns, die die speziellen Techniken bzw. Bedürfnisse abdecken? Gibt es vielleicht schon fertige Konfigurationen des RUP für diese Art von Entwicklung?
- Bisherige Vorgehensweisen, die sich etabliert haben und erfolgreich sind oder aus anderen Gründen nicht abgelöst werden dürfen ...
  → Anpassen einzelner Disziplinen oder Teile des RUP an die bisherige etablierte Vorgehensweise. Eine explizite Beschreibung der gewohnten Vorgehensweise verbunden mit einer Einarbeitung in die RUP-Prozesskonfiguration ist im Allgemeinen empfehlenswert, da damit eine einheitliche und eindeutige Prozessdefinition an einer Stelle gewährleistet wird.
- Softwareentwicklung in Projekten oder in Wartungs- bzw. Releasezyklen: Neben der Neuentwicklung von Software spielt auch die laufende Wartung oder Überarbeitung in Releases eine große Rolle.

→ Der Unterschied liegt darin, ob es Projekte im klassischen RUP-Sinn mit Anfang und Ende der Entwicklung einer einzelnen Applikation gibt. Bei Wartungs- und Releasezyklen liegen umfangreiche Arbeitsergebnisse aus früheren Releases bereits vor und müssen bestenfalls geändert werden. Damit können einzelne Aktivitäten, wie z. B. „Problem analysieren", entfallen.

- In Einzelfällen ist der RUP in Teilen auch für Projekte außerhalb der Softwareentwicklung in Erwägung zu ziehen. Ein bekannter Fall ist das Systems Engineering, bei dem Hardware und Software in einem gemeinsamen Projekt betrachtet und entwickelt werden.
  → Welche Disziplinen und Teile des RUP sind geeignet und wie müssen sie an die Besonderheiten des Projekts angepasst werden? Welche Vorgehensweisen müssen gegenüber dem reinen Softwareentwicklungsprozess RUP ergänzt werden? In Einzelfällen gibt es bereits fertige RUP-Konfigurationen, wie für das System Engineering.

Neueinführung des RUP

Bei der Neueinführung des RUP ist eine **stufenweise Einführung** verschiedener Methoden, Tools und Disziplinen über mehrere Projekte empfehlenswert. So kann die Zeit bei der Einführung von neuen Vorgehensweisen, Techniken und Werkzeugen, bei der die Produktivität erst einmal sinkt, auf mehrere Projekte verteilt werden.

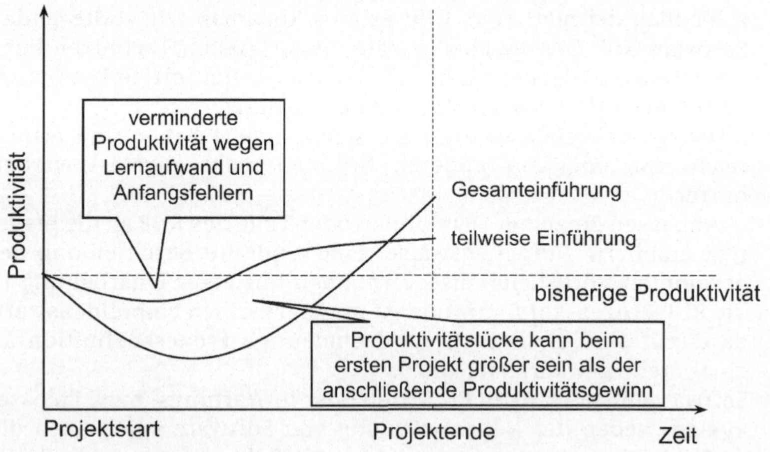

Es gibt grundlegend zwei Varianten der stufenweisen Einführung von Methoden, Tools und Disziplinen:

- Viele auf einmal in der Breite, aber zunächst in stark vereinfachter Form
- Zunächst nur einzelne wenige, dafür aber in größerer Tiefe

Die zweite Variante ist erfahrungsgemäß zu bevorzugen, da wesentlich einfacher umzusetzen. Ein weiterer wichtiger Grund für stufenweise Einführung nach der zweiten Variante ist das schnelle Erzielen von sichtbaren – dem Sponsor nachweisbaren – Erfolgen, die sonst zu lange auf sich warten lassen. Daraus muss man wiederum folgern, dass zuerst eingeführt wird, was die schnellsten und sichtbarsten Erfolge verspricht.

Wichtige Erwägungen, welche Teile des RUP als Erstes eingeführt werden sollen:

- Welche Gründe gab es für die Prozesseinführung? Schwerwiegende Probleme bisheriger Projekte? Erreichen einer ISO-Zertifizierung oder **CMMI**-Reife?
- Welche Symptome traten in vorherigen, ähnlichen Projekten auf, die den Projekterfolg gefährdeten? Was waren die wirklichen Ursachen für diese Symptome? Welche Best Practices des RUP könnten diese Ursachen bekämpfen?
- Welche Änderungen sind leicht einzuführen?
- Welche Änderungen versprechen einen schnellen und/oder hohen Return on Investment?
- Wie aufgeschlossen gegenüber Änderungen sind die Projektmitarbeiter? Wie leicht können sie sich neue Vorgehensweisen aneignen?
- Welche Änderungen sind gegenüber dem Management mit welchen Begründungen vertretbar?
- Können die nötigen Werkzeuge und Schulungen für die Neuerungen rechtzeitig zur Verfügung gestellt werden? Gibt es Know-how zu den Neuerungen?

Der RUP kann nach sehr unterschiedlichen Modellen stufenweise eingeführt werden. In jedem Fall wird üblicherweise mit **Pilotprojekten** gearbeitet, in denen man erste Erfahrungen sammelt. Diese Pilotprojekte sind aber keinesfalls „Spielprojekte", sondern sollten durchaus normale Projekte mit Relevanz sein, damit der Prozess auch unter echten Bedingungen getestet wird. Dabei können durchaus mehrere Pilotprojekte parallel ablaufen, um verschiedene Disziplinen und Teile des RUP parallel zu testen. Je nachdem, wie vorsichtig vorgegangen wird (oder werden muss), wird die erste Erfahrung in Form von Teammitgliedern der ersten Piloten in weitere Pilotprojekte eingehen. Eine besonders wichtige Best Practice ist es, das in Piloten erarbeitete Wissen nicht alleine mit Dokumentation oder Schulungen zu verbreiten, sondern über die Teammitglieder des Piloten, die ihr Wissen aus dem Piloten mitnehmen.

Ziel am Ende ist ein unternehmensweit eingeführter RUP mit einer etablierten Anpassung. Nichtsdestotrotz muss der Prozess auch später in jedem Projekt laufend bewertet und verbessert werden. Normalerweise wird auch eine unternehmensweite RUP-Anpassung definiert, die wiederum als Framework für die einzelnen Projekte dient, d.h. für jedes Projekt nochmals angepasst wird. Natürlich kann es im Unternehmen mehrere RUP Frameworks für verschiedene Entwicklungsarten geben.

Methoden der Anpassung

Zur Anpassung des RUP für einzelne Projekte bis hin zu einer unternehmensweiten Prozessdefinition, oder gar einer Konfiguration, die für ganze Industriezweige, Standards oder Technologien gilt, gibt es eine Auswahl von Methoden. Diese richten sich nach Umfang und Art der **Anpassung** und weiteren Randbedingungen. Im Folgenden werden die wichtigsten Methoden kurz beschrieben.

Ein Grundprinzip der Anpassung ist aber in jeder Methode einzuhalten, damit neue Versionen des RUP mit möglichst wenig Aufwand übernommen werden können: Strenge Trennung der eigenen Prozessinhalte von den originalen RUP-Inhalten. Mit dem Werkzeug Rational Method Composer© gibt es praktisch keinen Grund mehr, die originalen RUP-Inhalte zu ändern.

Development Case

Nur wenn das Werkzeug IBM Rational Method Composer nicht vorliegt oder die Prozessseiten nicht geändert werden dürfen, kommt normalerweise das Dokument **Development Case** zum Einsatz. So können z.B. gesetzliche Vorschriften erfordern, dass der veröffentlichte Prozess über längere Zeit nicht geändert werden darf, damit alle Schritte eindeutig definiert und nachvollziehbar sind. In Einzelfällen wird der Development Case auch als technisch einfachere Lösung bevorzugt, dies wird aber mit einem komplizierten Zugang zu den Prozessinformationen über zweierlei Quellen erkauft.

Die Definition, wie der Prozess für ein konkretes Projekt genutzt werden soll, wird in diesem einfachsten Fall im **Development Case** hinterlegt. In diesem Dokument beschreibt der Process Engineer alle konkret eingesetzten Elemente des Prozesses: Disziplinen, Rollen, Arbeitsergebnisse, ... und deren Timing.

Pro Disziplin wird beispielsweise festgelegt, welches Arbeitsergebnis in welcher Form bzw. in welchem Werkzeug zu welchem Zeitpunkt erwartet wird. Dabei kann noch bestimmt werden, wie verpflichtend das **Arbeitsergebnis** ist und in welcher Form ein **Review** durchgeführt werden sollte. Eine Tabelle (pro Disziplin) im Development Case kann folgendermaßen eingeteilt sein:

Arbeitsergebnis	Einsatzzeitpunkt	Review-Form	Werkzeug	Template/Beispiel
	I E C T			

(I = Inception, E = Elaboration, C = Construction, T = Transition)

Pro Disziplin werden ebenfalls Abänderungen des Ablaufs der Aktivitäten beschrieben.

Anpassung über MyRUP und zusätzliche Seiten

Wenn es nur darum geht, eigene Seiten zu ergänzen, oder Inhalte in der Prozesssicht zu entfernen, kann die **My RUP**-Funktionalität ausreichend sein. Diese Funktionalität ist allerdings hauptsächlich für personalisierte RUP-Sichten einzelner Mitarbeiter oder Rollen gedacht, nicht für die Anpassung eines ganzen Projektes oder für noch mehr. In ganz einfachen Anpassungsfällen, oder wenn der Rational Method Composer nicht verfügbar ist, ist aber auch diese Verwendung möglich. Sollte aus bestimmten Gründen die Darstellung des RUP ohne Applets gewählt worden sein, ist die My RUP-Funktionalität nicht verfügbar!

Zusätzliche Inhalte werden als HTML-Seiten auf herkömmliche Art, d. h. mit beliebigen HTML-Editoren oder Web-Publishing-Werkzeugen erstellt. Diese Seiten können sich mit HTML-Links auf sinnige Weise gegenseitig aufrufen oder direkt auf Originalseiten des RUP verweisen. Manchmal macht es auch Sinn, eine selbst definierte Startseite des eigenen angepassten Prozesses zu erstellen, die ein schnelles Navigieren zu den verschiedenen Inhalten erlaubt.

Die My RUP-Funktionalität erlaubt es nun dem Anwender, eigene Treebrowser-Reiter zu erstellen und anzupassen. Dazu gibt es im RUP Treebrowser (linke Seite in der Webbrowserdarstellung des RUP) direkt über den Reitern vier verschiedene Buttons zum Kopieren eines existierenden Reiters („SaveAs"), Löschen eines Reiters, Einfügen neuer eigener Treebrowser-Einträge und Hinzufügen von Einträgen aus den RUP-Inhalten. Zusätzlich kann auf markierten Einträgen im Treebrowser mit der rechten Taste ein Kontextmenü aufgerufen werden, das Anlegen, Löschen und Verschieben der Einträge erlaubt. Allerdings lassen sich nur selbst erstellte Reiter auf diese Weise anpassen, keine Standard-Reiter aus der RUP-Konfiguration.

Ein neuer angepasster Treebrowser-Reiter wird über folgende Schritte erstellt:

- Auswahl eines existierenden Reiters als Ausgangssicht auf den RUP.
- Kopieren dieses existierenden Reiters (beim ersten Mal ein Standard-Reiter) über den „SaveAs"-Button unter neuem Namen.
- Löschen aller nicht benötigten Treebrowser-Einträge unter diesem neuen Reiter.
- Einfügen neuer Treebrowser-Einträge unter dem neuen Reiter, die aus den RUP Inhalten stammen oder auf die selbst erstellten Webseiten verweisen.
- Organisieren der Treebrowser-Einträge durch Verschieben.
- Optional: Ausblenden der anderen Reiter, so dass nur die angepasste Sicht auf den Prozess zu sehen ist. Dies erfolgt über den Button „Tree Sets" (deutsch: „Baumstrukturgruppen"), der sich oben im Treebrowser befindet.

Prozessanpassung mit dem IBM Rational Method Composer

In allen weiteren Fällen der RUP-Anpassung – also den meisten – ist der IBM **Rational Method Composer©** (**RMC**) zu empfehlen, der seit November 2005 verfügbar ist. Dieses Werkzeug wurde gegenüber früheren Werkzeugen zur Anpassung des RUP komplett neu entwickelt.

Erste wichtige Änderung ist eine Überarbeitung des Metamodells, mit dem der Prozess beschrieben wird, die Unified Method Architecture (**UMA**). Hierzu ist Näheres im Kapitel „Unified Method Architecture" zu finden. Diese Änderung war aus zwei Gründen notwendig: Zum einen mussten die Begriffe der verschiedenen Methoden innerhalb der IBM (IBM RUP, IBM Global Services Method, IBM Summit Ascendant) vereinheitlicht werden, zum anderen war es notwendig, die Architektur des Metamodels flexibler für die Prozessanpassungen zu gestalten.

Als zweite wichtige Änderung wurde die Philosophie, wie der Prozess beschrieben wird, neu definiert: Statt einer Modellierung des Prozesses über UML-Diagramme, wie in früheren Werkzeugen, erfolgt die Definition nun komplett über Editoren. Lediglich die Möglichkeit, Abläufe von Aktivitäten über Aktivitätsdiagramme darzustellen, ist geblieben. Der Grund ist vermutlich, dass die UML-Modellierung von Prozessen für die meisten Nutzer zu komplex war.

Zusätzlich wurde das Werkzeug komplett als Plugin in die Eclipse-Plattform integriert [Eclipse Projekt] und bringt eine eigene sogenannte Perspektive, das ist eine komplette Arbeitsoberfläche, mit.

Eclipse wurde bereits 1999 von der IBM als universelle und offene Entwicklungsplattform entwickelt, die beliebig erweitert werden kann und anschließend der Open-Source-Gemeinde übergeben. Seither setzt die IBM strategisch auf diese Plattform, so dass alle neuen Entwicklungswerkzeuge (aber auch andere Werkzeuge) als Eclipse Plugins implementiert sind. Daher ist der RMC folgerichtig ebenfalls ein Eclipse Plugin. Ein großer Vorteil ist, dass der RMC damit viele Eigenschaften der Eclipse Infrastruktur nutzen kann, wie eine hoch anpassbare Benutzeroberfläche, Kompatibilität über mehrere Betriebssysteme und vieles mehr. Der Anwender bewegt sich auch zugleich in einer vertrauten Umgebung.

Zum Grundverständnis des RMC ist es notwendig, nochmals einen Blick auf die **Unified Method Architecture** zu werfen.

Erstes wichtiges Konzept ist die Unterscheidung zwischen **Methodeninhalt** zu Beschreibung von wiederverwendbaren, statischen Inhalten wie Praktiken in der Softwareentwicklung (wie sie auch in Büchern zu finden sind) und **Prozessen**, die mithilfe von Aktivitäten und Breakdown Structures den Methodeninhalt in einen konkreten zeitlichen Zusammenhang und Prozesskontext bringen, das heißt einen konkreten Prozess beschreiben: Wann wird was in welcher Form von wem bearbeitet? Bei den Prozessen gibt es noch die Unterscheidung zwischen **Delivery Process** (deutsch: **Bereitgestellter Prozess**) und **Capability Pattern** (deutsch: **Prozessmuster**). Im Gegensatz zu einem vollständigen Delivery Process ist ein Capability Pattern lediglich ein Prozess-Baustein, den man im Delivery Process wiederverwenden kann.

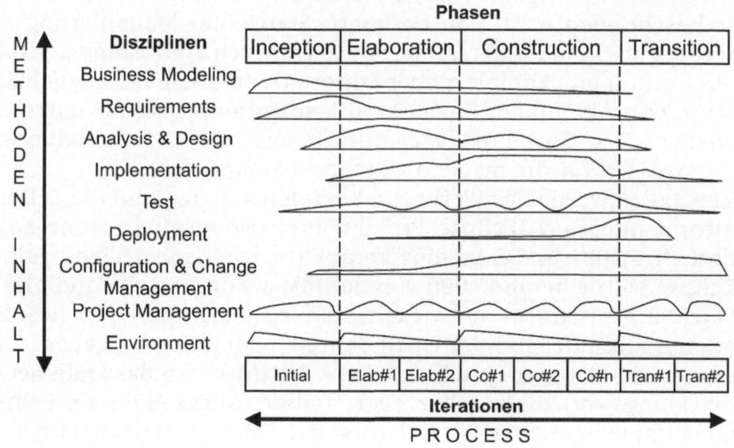

Die zwei Dimensionen von UMA

Folgende weiteren UMA-Begriffe gehören ebenso zum Grundkonzept:

- **Task** (deutsch: Aufgabe): Von Rollen ausgeführte Tätigkeit im Methodeninhalt. Dabei gibt es eine hauptverantwortliche Rolle. Kann weiter über Schritte definiert werden.
- **Work Product** (deutsch: Arbeitsergebnis): Alles, was erarbeitet, geändert oder genutzt wird. Wird weiter in Liefergegenstand (zur Auslieferung an einen Stakeholder gepackt), Artefakt (verwaltbares Arbeitsergebnis) und Resultat (nicht greifbares Ergebnis) unterschieden.
- **Guidance** (deutsch: Richtlinie): Weitere Erklärung, Regeln und Hilfe zu Methoden- oder Prozesselementen. Typen: Prüfliste, Konzept, Beispiel, Richtlinie, Praktik, Report, Template, Tool Mentor usw.
- **Category** (deutsch: Kategorie): Dient zur Organisation von Methodeninhalten und bestimmt die Unterteilung im Treebrowser des veröffentlichten Prozesses. Standardkategorien (wie z. B. Disziplinen) sind fest vorgegeben, und deren Inhalte beschränken sich auf einen Prozesselementtyp. Z. B. können Disziplinen nur Aufgaben organisieren. Zusätzlich kann man sich weitere Kategorien definieren, deren Inhalt beliebig ist.

- **Activity** (deutsch: Aktivität): Organisiert Arbeitseinheiten im Prozess, indem sie Inhalte (Rollen, Aufgaben, Arbeitsergebnisse) zusammenfasst und damit in den Delivery Process oder den Capability Pattern einbringt.

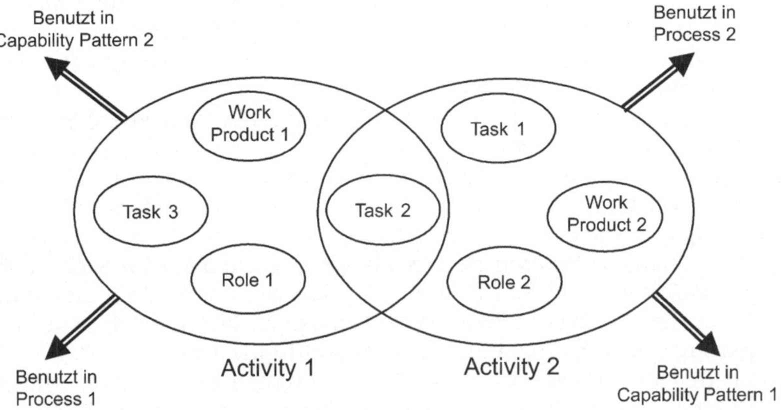

- **PlugIn**: Paket mit Methodeninhalt und Prozessen.
- **Configuration** (deutsch: Konfiguration): Konkrete Prozesskonfiguration, die zum Veröffentlichen eines Prozesses dient, das heißt Erzeugen der Webseiten. Dazu werden PlugIns ausgewählt und eventuell einzelne Pakete davon weggelassen. Ebenso werden die verschiedenen Sichten (Reiter) für den Treebrowser definiert.
- **Library** (deutsch: Bibliothek): Sammlung von Methoden-PlugIns und Konfigurationen.

Die Perspektive (die Arbeitsoberfläche) des RMC ist grob in folgende Fenster eingeteilt: Ein Browser für die Bibliothek, ein Browser für die aktuell gewählte Konfiguration und Editorfenster für verschiedene UMA Elemente, z.B. Aufgaben, Konfigurationen, Prozesse usw.

Zum Verständnis, wie mit dem RMC gearbeitet wird, können folgende grob beschriebenen Schritte dienen, die nötig wären, wenn ein völlig neuer Prozess mit dem RMC definiert würde:

- Anlegen neuer PlugIns.
- Anlegen und Beschreiben von Methodeninhalten (Rollen, Aufgaben, Arbeitsergebnisse, Richtlinien) und Zuordnen zu Kategorien.
- Anlegen einer neuen Standardkonfiguration, die die PlugIns enthält.

- Anlegen eines neuen Delivery Process in einem PlugIn, der die Standardkonfiguration nutzt.
- Beschreiben der Work Breakdown Structures, über Aktivitäten, die Aufgaben, Arbeitsergebnisse und Rollen referenzieren und deren Nutzung über Deskriptoren relativieren. Modellieren der Aktivitätsabläufe auf oberster Ebene mit Aktivitätsdiagrammen.
- Anlegen und Zusammenstellen der verschiedenen Reiter des Treebrowsers in der Standardkonfiguration.
- Veröffentlichung des Prozesses (Erzeugen der Webseiten) aus der Standardkonfiguration.

Dies ist natürlich nur ein Szenario, das stark vereinfacht wurde.

In der Praxis kann man folgende verschiedenen Arten der RUP-Anpassungen mit dem RMC unterscheiden:

- Alle Inhalte existieren bereits als Methodenpakete im RMC, aber der konkrete Prozess wird erst noch aus diesen Inhalten und existierenden Prozessen bzw. Prozessmustern konfiguriert. Die Anpassung besteht also in der Prozesskonfiguration.
- Zu den bestehenden Inhalten wird lediglich ein weiteres PlugIn hinzugefügt, das Guidance enthält. Mit dieser Guidance kann ein Unternehmen seine eigenen Templates, Richtlinien, Beispiele und Tool-Mentoren einbringen. Natürlich muss diese zusätzliche Guidance über eine angepasste Prozesskonfiguration in den Prozess eingefügt werden. Dies ist eine sehr leichte Anpassung, da der Prozess unverändert bleibt.
- Entwickeln eines neuen Delivery Process aus existierenden Capability Patterns oder zumindest aus existierenden Inhalten in Form von Methodenpaketen.
- Einfügen komplett neuer Inhalte (Rollen, Aufgaben, Arbeitsergebnisse). Dazu muss natürlich auch ein neuer Delivery Process zusammengestellt und der Prozess neu konfiguriert werden.

Eine Neuerung des RMC ist auch die Möglichkeit, die in Prozessen definierten Work Breakdown Structures zur Planung im Projektmanagement in den **IBM Rational Portofolio Manager**©, einem Projekt- und Portfoliomanagementwerkzeug, zu übernehmen.

Vergleich mit anderen Prozessen

Wer sich für einen Entwicklungsprozess entscheiden muss, hat die Qual der Wahl. Es gibt Fälle, in denen ein bestimmtes Vorgehen durch den Auftraggeber oder firmeninterne Richtlinien vorgegeben ist.

Im öffentlichen Sektor in Deutschland wird häufig das Vorgehen nach dem V-Modell gefordert, im medizinischen Bereich muss das Vorgehen kompatibel zu den Anforderungen internationaler Zertifizierungsbehörden – wie der amerikanischen Food and Drug Administration (FDA) – sein, schließlich gibt es firmeninterne Richtlinien wie z. B. das Vorgehen nach ISO 9001. In jedem Fall gibt es gewisse Anforderungen an den Prozess und die zu erstellenden Arbeitsergebnisse, die in unterschiedlicher Tiefe in die Softwareentwicklung hineinreichen, weil bei der Entwicklung eines Komplettsystems – wie einem MP3-Player oder einem Computer-Tomografen – Software lediglich einen Teil des Systems darstellt, wenn auch einen immer wichtiger werdenden. Je nach Vorgabe gibt es also sowohl Zwänge als auch Freiräume bei der Auswahl und Anwendung eines Software-Entwicklungsprozesses. Im Folgenden werden die Eigenschaften einiger wichtiger Prozesse anhand bestimmter Kriterien mit dem RUP® verglichen.

In [Cockburn, 2002] werden einige konzeptionelle Eigenschaften von Prozessen definiert, die hier Basis für den Vergleich sein sollen. Diese Kriterien sind:

- Gewicht der Methode
- Systemkritikalität
- Projektgröße

Zunächst zur Definition dieser Begriffe (nach [Cockburn, 2002]):

Unter dem **Gewicht einer Methode** versteht man das Produkt aus dem Umfang einer Methodik (= Anzahl der Arbeitsergebnisse, die vom Prozess verlangt werden) multipliziert mit der Genauigkeit, mit der die Methodik befolgt werden muss (Ceremony). Das Resultat ist eine konzeptionelle Größe, die sich nicht in Zahlen ausdrücken lässt. Bei einer Diskussion über Prozesse tauchen jedoch häufig die Begriffe **schwergewichtig** bzw. **leichtgewichtig** auf. Nach obiger Definition ist ein Prozess schwergewichtig, wenn viele Arbeitsergebnisse mit einem hohen Maß an Kontrolle erstellt werden, und ein Prozess ist leichtgewichtig, wenn die Zahl der Arbeitsergebnisse gering ist und diese unformal und ‚zwanglos‘ erstellt werden.

Die **Systemkritikalität** gibt an, welcher Schaden durch unentdeckte Fehler auftreten kann. Hier wird nach Verlust von Komfort, Verlust von ernsthaften und existenziellen Geldbeträgen und Verlust von Leben unterschieden. In der Tat macht es einen erheblichen Unterschied, ob der Online-Speiseplan nicht abrufbar ist oder der Steuerrechner in einem Atomkraftwerk ausfällt.

Die **Projektgröße** bezeichnet die Anzahl der Personen, die in einem Projekt koordiniert werden müssen. Dieser Begriff sollte nicht durcheinandergebracht werden mit der Größe des Problems, das gelöst werden soll.

RUP und V-Modell

Das **V-Modell XT** ist im deutschen Raum relativ stark verbreitet, was auch daran liegt, dass es im öffentlichen und militärischen Sektor verbindlich ist. Das V-Modell XT ist die aktuelle, grundlegend überarbeitete Version des Vorgehensmodells, das aus dem ursprünglichen V-Modell und dem nachfolgenden V-Modell 97 hervorgegangen ist. Das V-Modell XT wurde in deutscher und englischer Sprache von einem Zusammenschluss aus Firmen und Universitäten im Auftrag des deutschen Innenministeriums entwickelt und stellt ein umfassendes Regelwerk für die Projektabwicklung dar.

Das V-Modell XT (im Weiteren einfach V-Modell genannt) unterscheidet zwischen verschiedenen *Projekttypen*, dabei vor allem zwischen Auftraggeber- und Auftragnehmersicht. Aufgrund des Umfangs ist es beim V-Modell – so wie beim RUP – sinnvoll, wenn nicht notwendig, den Prozess anzupassen (Tailoring), dies ist explizit in einem eignen Projekttyp vorgesehen. Gruppierungen zusammenhängender Aktivitäten zu einem inhaltlichen Thema, z. B. Konfigurationsmanagement, sind im V-Modell zu *Vorgehensbausteinen* zusammengefasst – diese entsprechen in etwa den Prozessmustern im RUP, auch wenn das V-Modell stärker auf das Projektmanagement fokussiert. Für unterschiedliche Arten von Projekten gibt es unterschiedliche *Projektdurchführungsstrategien*, in denen festgelegt wird, wie die *Entscheidungspunkte* des Modells zusammenspielen. Ein Entscheidungspunkt stellt den Zeitpunkt dar, zu dem über den Projektfortschritt entschieden wird, Beispiele für Entscheidungspunkte sind ‚Projekt genehmigt' oder ‚Iteration geplant'. Im Gegensatz zu früheren Versionen des V-Modells stehen iterative Ansätze im Vordergrund, was durch die Projektdurchführungsstrategien ‚inkrementelle Systementwicklung' und

,agile Systementwicklung' sichtbar wird. Ein Abschnitt mit *Konventionsabbildungen* beschreibt, wie das V-Modell konform zu anderen Regelwerken wie CMMI®, ISO 9001 oder auch der Vorgängerversion V-Modell 97 angewendet werdet kann. Dies ist von Vorteil, wenn ein entsprechendes Vorgehen vom Auftraggeber gefordert ist.

Das V-Modell legt den Schwerpunkt auf Projektmanagement und hat mit der Aufteilung in die Auftraggeber- und Auftragnehmersicht Stärken, insbesondere wenn es um externe Projektvergabe geht. Durch die verschiedenen Projektdurchführungsstrategien und das Tailoring kann wie im RUP auf den individuellen Charakter von Projekten eingegangen werden. Ein Ziel des V-Modells ist es, generisch zu sein, in dem Sinne, dass zwar Aktivitäten und Produkte beschrieben werden, dass jedoch detaillierte Arbeitsanleitungen, wie etwas getan werden soll, fehlen. In diesem Sinne können sich V-Modell und RUP ergänzen, siehe [Müller-Ettrich, 2000].

Das V-Modell hat sich in seiner letzten Version hin zu anderen modernen Vorgehensmodellen wie dem RUP oder der agilen Entwicklung geöffnet, wie sich in den Projektdurchführungsstrategien für inkrementelle und agile Systementwicklung zeigt. Das V-Modell kann wie der RUP für Projekte verschiedenster Größe eingesetzt werden, wobei das V-Modell traditionell Großprojekte gut unterstützt. Das V-Modell ist nicht unbedingt als schwergewichtig einzustufen, jedoch besteht das Risiko, beim Tailoring eine hohe Zahl von Produkten, die erstellt werden müssen, vorzugeben. Das V-Modell kann – wie seine Anwendung im militärischen Bereich belegt – für große Systeme mit einer hohen Kritikalität eingesetzt werden.

RUP und agile Prozesse

Agile Prozesse

Der Begriff ,Agile Prozesse' umfasst eine Anzahl mehrerer Vorgehensmodelle, die bestimmte Charakteristika gemeinsam haben. Die Vertreter der agilen Prozesse haben sich im Februar 2001 zusammengefunden und das ,Agile Manifesto' verabschiedet, das auf der Webseite der Agile Alliance (www.agilealliance.org) veröffentlicht ist. Kern des Manifests sind vier Grundsätze und unterstützende Prinzipien, die den agilen Prozessen gemein sind. Im Folgenden ist das Manifest wiedergegeben:

,Wir entdecken bessere Wege, Software zu entwickeln, indem wir dies tun und anderen dabei helfen. Durch diese Arbeit sind wir dazu gekommen,

Individuen und Interaktionen	höher als Prozesse und Tools,
laufende Software	höher als umfangreiche Doku,
Zusammenarbeit mit dem Kunden	höher als Vertragsverhandlungen,
Reaktionen auf Änderungen	höher als Planverfolgung

zu bewerten. Das heißt, während die Punkte auf der rechten Seite ihren Wert haben, schätzen wir die Punkte auf der linken mehr'.

- Hinzu kommen die unterstützenden Prinzipien:
- Höchste Priorität hat es, den Kunden zufriedenzustellen durch frühe und häufige Auslieferung.
- Regelmäßige Auslieferung lauffähiger Software in Intervallen zwischen ein paar Wochen und ein paar Monaten.
- Anforderungsänderungen, auch spät im Projekt, sind willkommen.
- Fachleute und Entwickler arbeiten täglich zusammen.
- Projekte bauen auf motivierten Individuen auf. Diese brauchen die nötige Umgebung, Unterstützung und das nötige Vertrauen.
- Die effektivste Art des Informationsaustauschs ist das unmittelbare Gespräch.
- Lauffähige Software ist das primäre Maß für Fortschritt.
- Das Tempo der Entwicklung sollte dauerhaft auszuhalten sein.
- Aufmerksamkeit auf technische Exzellenz und gutes Design.
- Einfachheit ist essenziell – die Kunst, den Teil der Arbeit zu maximieren, der nicht getan wird.
- Die besten Architekturen, Anforderungen und Entwürfe kommen aus selbst organisierten Teams.

Das Team reflektiert seine Effektivität in regelmäßigen Abständen.

Zu den Verfassern des Manifests gehören unter anderen Kent Beck [Beck, 2005], Alistair Cockburn (Crystal Methodology), Mike Beedle und Ken Schwaber [Schwaber, 2001] und Andrew Hunt und Dave Thomas [Hunt, 1999].

Es gibt nicht *den* agilen Prozess, sondern agile Prozesse sind ein Oberbegriff für leichtgewichtige und flexible Prozesse, deren bekanntester Vertreter Extreme Programming ist, auf das unten näher eingegangen wird. Viele der unten für Extreme Programming genannten Vorteile, Hürden und Probleme treffen jedoch auf alle agilen Prozesse zu. Im Gegensatz zu anderen Vorgehensmodellen stellen bei agilen Prozessen auch ,weiche' Faktoren, wie Gemeinschaftlichkeit und

Kommunikation, einen wesentlichen Bestandteil dar. Das richtige Maß an Prozess wird nach dem Motto ‚so wenig wie möglich' bzw. ‚leichtgewichtig, aber ausreichend' ermittelt.

Extreme Programming

Extreme Programming (XP) macht es sich zu Eigen – wie der Name bereits andeutet –, bewährte Prinzipien in der Entwicklung bis hin zum Extremen zu Ende zu denken. Das Ergebnis ist ein leichtgewichtiger Prozess für kleine bis mittelgroße Teams und Projekte mit unklaren oder sich stark ändernden Anforderungen. Extreme Programming basiert auf einer Reihe sich gegenseitig ergänzender Werte (Kommunikation, Einfachheit, Feedback, Mut, Respekt), Prinzipien und Praktiken, die zu einem einfach anwendbaren Prozess führen. Die Prinzipien bilden dabei die Brücke, also eine Art Zwischenstück, zwischen den Grundwerten und den konkreten Praktiken. Die Basis für XP bildet das Buch ‚Extreme Programming Explained' von Kent Beck [Beck, 2005], das in der zweiten Auflage grundlegend überarbeitet wurde und damit auch die Inhalte von XP geändert hat. So ist zum Beispiel die umstrittene Systemmetapher aus der ersten Version von XP in der zweiten Auflage weggefallen. Die Praktiken wurden in der zweiten Auflage erweitert und in primäre und ergänzende Praktiken aufgeteilt. Die Besonderheiten von XP zeigen sich, wenn man sich diese Praktiken näher ansieht – wobei wir uns hier auf die primären beschränken:

- Zusammensitzen: Die Entwicklung soll in einem Raum erfolgen, der groß genug für das ganze Team ist. Für Abgeschiedenheit soll es einen Extraraum in der Nähe oder entsprechend angepasste Arbeitszeiten geben.
- Das ganze Team: Leute mit allen Fähigkeiten, die zur Bewältigung des Projekts nötig sind, in das Team einbeziehen und ein wirkliches Team mit dem entsprechenden Zusammengehörigkeitsgefühl bilden.
- Informative Arbeitsumgebung: Die Arbeitsumgebung sollte die Arbeit widerspiegeln, so dass ein Beobachter sich durch Herumgehen ein Bild von dem Projekt machen könnte.
- Energiegeladene Arbeit: Nur so lange arbeiten, wie man dies produktiv und dauerhaft tun kann.
- Pair Programming: Alle Codeteile, die zum Zielsystem gehören, werden von zwei Entwicklern gemeinsam an einem Rechner entwickelt. Dies ist die konsequente Fortsetzung von Code Reviews.

- Stories: Planen mit Funktionseinheiten, die für den Kunden sichtbar sind. Dazu werden kurze Geschichten – Stories – aufgeschrieben und geschätzt.
- Wöchentlicher Zyklus: Arbeit – die konkrete Umsetzung – soll auf wöchentlicher Basis geplant werden.
- Quartalszyklus: Einmal pro Quartal soll über das Team, das Projekt, seinen Fortschritt und dessen Beziehung zu weiter gefassten Zielen nachgedacht werden.
- Entspannung: In jedem Plan sollen geringfügige Aufgaben eingeplant werden, die ausgelassen werden können, wenn man zurückfällt.
- Zehn-Minuten-Build: Das System soll innerhalb von zehn Minuten gebaut werden können inklusive des Durchlaufs aller Unit-Tests.
- Fortlaufende Integration: Wann immer eine Aufgabe abgeschlossen ist, wird die Änderung in das System integriert, üblicherweise mehrere Male am Tag.
- Test-First: Vor dem Implementieren einer Funktion soll für diese ein Test geschrieben werden, der – nachdem es die Funktion noch nicht gibt – zunächst fehlschlägt.
- Inkrementelles Design: Tägliches Investieren in das Design des Systems. Man sollte danach streben, dass das Design des Systems zu den Erfordernissen am jeweiligen Tag passt.

Extreme Programming lässt sich den leichtgewichtigen Prozessen zuordnen, weil die Zahl der Arbeitsergebnisse, die außer dem Code entstehen, sehr gering ist. Praktische Erfahrungen mit Extreme Programming zeigen, dass diese Methode in kleinen bis mittelgroßen Teams (bis zu etwa 15 Entwickler) eingesetzt werden kann. Einige der Techniken von Extreme Programming sind in der Praxis nicht immer leicht durchzusetzen. So gibt es selbst bei Entwicklern Hürden, wenn es um Test-First oder Pair Programming geht. Auf der Seite des Kunden findet sich nicht immer die Bereitschaft oder qualifiziertes Personal, das entscheidungsberechtigt im Entwicklungsteam mitarbeitet. Wichtig ist: XP erfordert ein hohes Maß an Disziplin und – aufgrund der ungewohnten Ansätze – Durchsetzungsvermögen (siehe auch [Cockburn, 2002, Seite 167]). Schließlich birgt XP die Gefahr, unter dem Deckmantel ‚Wir arbeiten nach XP' die Tatsache zu verbergen, dass gar kein Prozess verwendet wird oder die Entwickler keine Lust haben, Dokumentation zu schreiben.

RUP im Vergleich zu agilen Prozessen und Extreme Programming

Ist der RUP ein agiler Prozess? Wer den RUP von außen betrachtet und sich mit ihm nicht näher beschäftigt, kann behaupten: Nein. Doch diese Behauptung hält einer eingehenden Prüfung nicht stand. Das gewichtigste Gegenargument ist, dass der RUP angepasst werden soll, ja, an das konkrete Projekt angepasst werden muss. Durch das Baukastensystem, aus dem im RUP die Arbeitsergebnisse und Vorlagen ausgewählt werden können, ist eine Anpassung an Projekte vom kleinen bis hin zum sehr großen Projekt möglich. In diesem Sinne ist der RUP ein agiler Prozess, wobei es in der Hand desjenigen liegt, der den Prozess anpasst (im RUP ist das der Process Engineer), wie leicht- oder schwergewichtig der angewandte Prozess ausfällt.

Stand 2006 gibt es mehrfache Grundlagen für einen angepassten agilen RUP:

- Ein fertige Konfiguration: RUP für kleine Projekte.
- Eine im RUP beschriebene Roadmap „Agile Verfahren und RUP“, nach deren Anleitung der RUP mithilfe eines Development Case oder des RMC angepasst werden kann.
- Ein PlugIn in IBM Rational Method Composer mit einer Anpassung für informelle RUP-Arbeitsergebnisse.
- Die Open-Source-Variante **OpenUP** [Eclipse Projekt] ist leichtgewichtig und agil.
- Es ist zu erwarten, dass der Inhalt von agilen Prozessen über das Open Source Tool EPF Composer [Eclipse Projekt] veröffentlicht wird. Damit kann OpenUP und RUP Inhalt mit diesen Inhalten gemischt werden.

Im konkreten Vergleich zu XP gibt es weitere Gemeinsamkeiten: Frühe Erstellung von ausführbaren Releases, Risikominimierung, beide Prozesse basieren auf Praktiken, die sich gegenseitig ergänzen, beide sind iterativ und anpassbar. Wo also sind die Unterschiede?

- Der RUP ist ein Produkt der Firma IBM und wird aus einer gewaltigen Menge praktischer Erfahrung laufend weiterentwickelt. XP bzw. andere agile Prozesse basieren auf Büchern, zum Teil ohne dass es einen ‚Owner‘ gibt, der bestimmt, was nun eigentlich z. B. XP ist.
- Der RUP enthält eine Fülle von Beispielen und Vorlagen als Teil des Produkts. Für andere Prozesse wie im Fall von XP ist dies in der Literatur und auf Webseiten verfügbar (etwa zehn Werke und zwei Webseiten, die die verschiedenen Aspekte von XP beschreiben).

- XP und andere agile Prozesse sind per se leichtgewichtig, der RUP unter Anwendung aller möglichen Inhalte schwergewichtig. Doch – wie bereits erwähnt – soll der RUP ja angepasst werden: Es ist nicht Ziel des RUP-Einsatzes, dass in jedem Projekt alle Arbeitsergebnisse, für die es in der Regel auch Vorlagen gibt, bis ins kleinste Detail ausgearbeitet werden.
- XP ist primär für kleine (bis mittelgroße) Teams und Projekte, deren Anforderungen sich häufig ändern. Der RUP ist für jegliche Projekte anwendbar.
- Ein wesentlicher Unterschied zwischen RUP und XP liegt in der Architektur: Im RUP bildet eine vorab erarbeitete ausführbare Architektur die Grundlage für die Entwicklung des Gesamtsystems – vergleichbar einem Skelett –, während in XP die Struktur und damit die Architektur des Systems laufend umgebaut wird – eher vergleichbar mit dem Wachstum eines Hefeteigs.

Neuerungen in der Version 7 gegenüber Version 2003

Mit der **Version 7**, die 2006 erschienen ist, gibt es wesentliche Neuerungen im RUP. Einerseits sind die Anpassung des RUP und das zugehörige Werkzeug dafür – der Rational Method Composer – grundlegend neu gestaltet worden. Dies ist im Kapitel RUP-Anpassung beschrieben. Zum anderen wurde für diese neue Form der Anpassung das Meta-Modell des Prozesses, also die Elemente, mit denen der Prozess beschrieben wird, stark verändert. Dabei wurden für eine konsistente Namensgebung Elemente aus der IBM Global Services Method, aus Summit Ascendant und dem RUP 2003 vereinheitlicht. Diese Neuerungen betreffen Begriffe des gesamten Prozesses und ziehen sich durch das gesamte Buch.
Für den deutschsprachigen Raum ist besonders wichtig, dass mit der Version 7.0.1 auch eine deutsche Übersetzung des RUP für kleine Projekte vorliegt, und es ist zu erwarten, dass weitere Inhalte übersetzt werden.

Namen und Konzepte

Im Folgenden findet sich für Anwender des alten RUP ein Überblick über die konzeptionellen Änderungen und die Namensänderungen.

- Aktivitäten wurden umbenannt zu **Aufgabe** (englisch: task). Aufgaben sind im neuen RUP allerdings nur statischer Methodeninhalt unabhängig von der Zeit und von einer konkreten Prozesskonfiguration.
- Eine neue Definition erhielt der Begriff **Aktivität**. Aktivitäten sind im neuen RUP dynamische Elemente einer Prozesskonfiguration und beschreiben konkret, wie Aufgaben oder andere Aktivitäten (auch zusammengefasst) in der vorliegenden Konfiguration und zum vorliegenden Zeitpunkt umzusetzen sind.
- Erweiterung des **Artefakt**-Konzepts: **Arbeitsergebnisse** (englisch: work products) sind der allgemeinere Begriff, für den es nun drei Ausprägungen gibt: **Artefakte** (englisch: Artifacts) sind verwaltete Arbeitsergebnisse, **Liefergegenstände** (englisch: Deliverables) bündeln individuelle Arbeitsergebnisse zur Lieferung an einen Stakeholder und **Resultate** (englisch: Outcome) beschreiben nicht greifbare, formlose Arbeitsergebnisse, wie z.B. einen instal-

lierten Server, die im Gegensatz zu Artefakten kein Potenzial für Wiederverwendung haben.

- **Workflow-Details** des früheren RUP sind nichts anderes als Aktivitäten auf oberer Hierarchieebene. Daher ist es nun möglich (wenn auch im RUP nicht genutzt), die im früheren RUP bekannten Aktivitätsdiagramme für Workflow-Details zur Darstellung des Ablaufes zwischen Aktivitäten nun auf jeder Hierarchieebene zu nutzen.
- Aufgaben können von mehr als einer Rolle durchgeführt werden, wobei es immer noch eine primäre Rolle gibt, die für das Ergebnis verantwortlich ist.
- Neue **Kategorisierung** – Zuordnung – der Prozesselemente: Im früheren RUP waren alle Prozesselemente, wie Aktivitäten, Rollen und Artefakte, den Disziplinen zugeordnet. Diese Zuordnung war aber sachlich nicht eindeutig möglich. So waren manche Artefakte in mehreren Disziplinen von Bedeutung. Daher gibt es eine neue Kategorisierung der Prozesselemente. Aktivitäten und Aufgaben sind, wie bisher, auf die Disziplinen verteilt. Arbeitsergebnisse sind eingeteilt nach Arbeitsgebiet und Art des Ergebnisses. Rollen sind zu Rollengruppen zusammengefasst.
- Trennung von Inhalten einer Methode und konkreten Prozessabläufen. Die Trennung hat zur Folge, dass im neuen RUP eine Beschreibung in Form von Work Breakdown Structures und Aktivitätsdiagrammen möglich ist, die die Iterationen in den verschieden Phasen genauer unterscheidet. Die Aktivitäten in der Inception-Phase unterscheiden sich naturgemäß gewaltig von den Aktivitäten in der Elaboration-Phase, auch wenn häufig die gleichen Disziplinen und Aufgaben betroffen sind.

Darstellung

Durch das neue Tool Rational Method Composer und das neue Metamodell UMA hat sich auch die Darstellung des RUP in den Webseiten stark geändert. Neben rein optischen Änderungen sind hier ein paar wichtige aufgeführt:

- Es gibt eine Option, die Webseiten ohne Applets darzustellen, so dass die Webseiten unabhängig von der Java Virtual Machine sind. Dies betrifft vor allem die Darstellung des Treebrowser. Die My RUP-Anpassung ist ohne Applets allerdings nicht möglich.

- Abschnitte der Webseiten können expandiert („aufgeklappt“) oder versteckt („eingeklappt“) werden.
- Im **Treebrowser**: Die bisherigen Reiter pro Rolle wurden unter den Reiter „Role Sets“ gepackt, in dem der spezifische Inhalt für jede Rolle zusammengefasst ist. Unter einzelnen Rollen und Arbeitsergebnissen findet man weitere verknüpfte Elemente, z.B. die Aufgaben einer Rolle.
- Aktivitäten und Prozessmuster werden in ihrer Inhaltsseite über Reiter gegliedert, die sowohl eine genauere Beschreibung wiedergeben als auch ein Aktivitätendiagramm der untergeordneten Aktivitäten zusammen mit einer Work Breakdown Structure, zugehörige Rollen und ein- sowie ausgehende Arbeitsergebnisse.
- In der derzeit vorliegenden Version 7.0.1 fehlen allerdings noch die Überblicksdiagramme für Aktivitäten und Arbeitsergebnisse pro Disziplin, pro Aktivität liegen sie vor.

Inhalt

Inhaltlich gibt es keine wesentlichen Änderungen, vor allem in den grundlegenden Teilen. Folgende sind es aber dennoch wert, erwähnt zu werden:

- Entsprechend der ebenfalls im RUP beschriebenen Unified Method Architecture und des Tools RMC wurde die Environment-Disziplin angepasst.
- Die **Best Practices** wurden zu den **Prinzipien für geschäftsorientierte Entwicklung** weiterentwickelt.
- **RUP SE** (for **Systems Engineering**) wurde besser mit dem RUP-Standardinhalt und **Business Modeling** integriert.
- Neben verbesserten RUP-Konfigurationen und Inhalten zu „Program Management“, „Systems Engineering“ und „Business Modeling“ eine neue Konfiguration „RUP for **Maintenance**„ und neuer Inhalt zu **Portfolio Management**.

Insgesamt ist durch die offene Architektur der Prozessbeschreibung und die einfache Bedienbarkeit des RMC, insbesondere aber auch durch die Open-Source-Variante EPF Composer in den nächsten Jahren eine gewaltige Zunahme der verfügbaren Inhalte und Konfigurationen – nicht nur durch die IBM – zu erwarten.

Glossar

Artefakt	Ein Artefakt ist Grundlage oder Ergebnis einer Aktivität. Üblicherweise liegen Artefakte in Dateiform vor und können unter Versionsverwaltung gestellt werden. Beispiele sind: Sourcecode, ausführbarer Code, Modelle, Dokumente.
Assessment	Wörtlich: Beurteilung. In einem Assessment wird der aktuelle Stand von etwas bewertet. Ein Assessment kann sich auf das gesamte Projekt, eine Iteration oder Ähnliches beziehen.
Baseline	Definierter konsistenter Stand eines Satzes von Artefakten zu einem gegebenen Zeitpunkt. Dieser Zeitpunkt ist meist das Iterationsende.
Build	Ein Stück ausführbare Software, die aus ein oder mehreren Softwarekomponenten zusammengesetzt ist. Häufig das Endprodukt einer Iteration oder sogar das endgültige Release.
Business Case	Wörtlich: ‚Geschäftsfall'. Im übertragenen Sinn repräsentiert der Business Case das Geschäftsmodell für ein Projekt oder Produkt und bewertet die wirtschaftlichen Erwartungen an ein solches.
CRC-Karten	Class Responsibility Collaboration Karten (Klasse/Verantwortlichkeit/Klasse, die mit der Ersteren zusammenarbeitet) sind eine Methode, um auf Basis der Anforderungen ein initiales Klassenmodell zu finden. Mehr dazu im RUP oder in [Wirfs-Brock, 1990]
Designelement	Alle Elemente, die über Beziehungen das vollständige Design darstellen. Dies sind zumeist Klassen, Subsysteme oder Pakete.
ER-Diagramm	Entity Relationship Diagram – Grafische Notation zur Beschreibung relationaler Datenbanken.
Framework	Rahmenwerk. Da der Begriff Rahmenwerk im Deutschen wenig Sinn ergibt, ist er vielleicht am besten mit ‚Baukasten' im Sinne von ‚Baukastensystem' zu übersetzen. Das heißt, ein Framework liefert vorgefertigte Elemente, die vom Anwender, zu etwas eigenständigem Neuen zusammengesetzt werden.
Metamodel	Modell (z. B. visuelles UML-Modell), das die Semantik und die Regeln eines anderen Modells festlegt.

Paket	UML-Element zur Paketierung und hierarchischen Ordnung von UML-Elementen. Vergleichbar mit den Ordnern eines Dateisystems.
Persistenz	Speicherung und Restaurierung von Objektinhalten über den Lebenslauf eines Objekts hinaus.
PMI	Project Management Institute – International wichtigster Verband zum Thema Projektmanagement.
PMP	Project Management Professional – Zertifizierung zum Projektmanager nach dem Project Management Institute (PMI).
ROI	Return on Investment – Rentabilität einer Investition.
RUP PlugIn	Einzelnes Modul mit bestimmten RUP-Inhalten. Mehrere RUP PlugIns können zu einem konkreten Prozess zusammengestellt werden.
SPEM	Software Process Engineering Metamodel – von der OMG (Object Management Group) standardisiertes Metamodel zur Beschreibung von Softwareentwicklungsprozessen.
Stakeholder	Projektbeteiligter, der ein materielles Interesse am Erfolg des Projekts hat.
Stub	Auf Deutsch so viel wie ‚Stummel'. Ein Stub ist eine Komponente, die sich nach außen so verhält wie eine ‚echte' Komponente, jedoch nur für einen definierten Satz an Testdaten. Ein Stub wird zum Testen anderer Komponenten, die auf diese Komponente angewiesen sind, verwendet.
Subsystem	Designelement, das logisch zusammengehörende Funktionalität über Schnittstellen anbietet. Auf ein Subsystem selbst kann nicht direkt zugegriffen werden, nur über dessen Schnittstellen. Entspricht im Design dem Implementierungskonzept Komponente.
UCM	Unified Change Management – Umfassendes Konzept und Workflow von IBM Rational zum nahtlosen Configuration & Change Management, das mit den Tools ClearCase und ClearQuest optional nutzbar ist.
UML	Unified Modelling Language, von der OMG genormte Notation zur Visualisierung, Spezifikation, Kon-

	struktion und Dokumentation der Artefakte softwareintensiver Systeme.
Use Case	Anwendungsfall. Use-Case-Modellierung ist eine Methode, die funktionalen Anforderungen an ein System zu beschreiben.
VOB	Version Object Base – Zentrale ClearCase-Datenbank zur Verwaltung aller Dateien und deren Versionen im Configuration Management.

Literatur

Agile Alliance
http://www.agilealliance.org

Ambler, Scott
http://www.ambysoft.com

Beck, Kent
Extreme Programming Explained
Addison-Wesley, 2005

Bittner, Kurt und Spence, Ian
Use Case Modeling
Addison-Wesley, 2003

Brooks, Frederick P. Jr.
The Mytical Man Month
Anniversary Edition
Addison-Wesley, 1995

Cockburn, Alistair
Writing Effective Use Cases
Addison-Wesley, 2001

Cockburn, Alistair
Agile Software Development
Addison-Wesley, 2002

Dörnemann, Holger und Meyer, René
Anforderungsmanagement kompakt
Spektrum Verlag, 2003

Eclipse Projekt
http://www.eclipse.org

Filho, Julia
Rational Unified Process Anti-Patterns
Whitepaper, Black Diamond Software, 2002

Grahn, Goran V. und Karlsson, Boris
Volvo Information Technology
Implementing RUP in an organization
Volvo IT Whitepaper, 2002

Hunt, Andrew und Thomas, Dave
The Pragmatic Programmer
Addison-Wesley, 1999

Ivar Jacobson Consulting
http://www.ivarjacobson.com

Kruchten, Philippe
The 4+1 View of Architecture
IEEE Software 12(6), 1995

Kruchten, Philippe
The Rational Unified Process. An Introduction
Second Edition
Addison-Wesley, 2000

Kruchten Philippe, Craig Larman, Kurt Bittner
How to Fail with the Rational Unified Process
Seven Steps to Pain an Suffering
Whitepaper, Rational Software, Valtech Technologies, 2001

Müller-Ettrich, Gunter
Objektorientierte Prozessmodelle
Addison-Wesley, 1999

Müller-Ettrich, Gunter
Unterstützung der Erstellung von V-Modell(VM97)-Produkten durch den Rational Unified Process (RUP)
Rational Software Deutschland, 2000

Project Management Institute (PMI)
http://www.pmi.org

Rosenberg, Doug
http://www.iconixsw.com

Royce, Walker
Software Project Management
Addison-Wesley, 1999

RUP – Rational Unified Process
Rational Software, 2006

Schwaber, Ken und Beedle, Mike
Agile Software Development with Scrum
Prentice Hall, 2001

The Rational Edge
http://www.therationaledge.com
The e-zine for the Rational Community

Wirfs-Brock, Rebecca und Wilkerson, Brian und Wiener Lauren.
Designing Object-Oriented Software
Prentice-Hall. 1990

Index